LK⁷ 2825

GUIDE

DU VOYAGEUR ET DE L'ARTISTE

A FONTAINEBLEAU.

Avis très-essentiels.

Les Appartements et Jardins du Palais sont ouverts, tous les jours de la semaine, de 9 heures à 4 heures.

Tous les Jeudis et Dimanches, de 4 à 6 heures du soir, Concert, dans les Bosquets du Parterre, par la Musique de la Garnison.

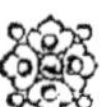

Le délicieux Jardin de Diane est enfin ouvert aux visiteurs, mais seulement les Jeudis et Dimanches.

Il faut préférer parcourir la Forêt le matin et le soir, et non dans le milieu du jour ; car, pendant les chaleurs, nos grès et nos sables sont de véritables étuves.

Les principaux Établissements de Chevaux et Voitures pour les Promenades en Forêt, sont chez MM. NAIGEON, carrossier, rue de France, 33, en face l'Hôtel de la Syrène, et BERNARD, même rue.

Typographie et Lithographie de H. PICAULT, à Saint-Germain-en-Laye, rue de Paris, 27.

GUIDE

DU VOYAGEUR ET DE L'ARTISTE

A FONTAINEBLEAU;

ITINÉRAIRE

DU PALAIS ET DE LA FORÊT,

AVEC

LES PROMENADES LES PLUS PITTORESQUES,

PAR

C.-F. DENECOURT.

Cinquième Édition ornée de Planches.

Prix : 1 fr. 25 c.

PARIS,

AUX LIBRAIRIES DU PALAIS NATIONAL

ET DU BOULEVARD DES ITALIENS.

1850

Avertissement.

⚛

Dans la pensée que ce ne sont pas toujours les ouvrages les plus volumineux, les plus dispendieux, qui sont les plus utiles; dans la pensée que les voyageurs qui viennent à Fontainebleau pour en voir les belles choses, surtout les sites charmants qui l'environnent, se dirigeront plus sûrement, plus facilement, et en même temps plus agréablement, à l'aide d'un simple Itinéraire ou d'une bonne Carte qu'avec des livres compliqués de descriptions, souvent fastidieuses, j'ai simplifié cette nouvelle Édition de manière à la rendre tout justement utile. C'est le résumé concis, exact, mais néanmoins complet, de tout ce que renferment d'intéressant et de curieux le Palais et la Forêt.

La première partie de ce Guide, précédée des Tableaux indicateurs des départs et arrivées de la Poste aux Lettres et du Chemin de Fer, comprend l'itinéraire du Château, l'énoncé de toutes les choses éminemment remarquables qui le décorent, ses magnifiques appartements, ses vastes et merveilleuses galeries, ses antiques chapelles, ses cours, ses belles façades, parc et jardins, etc., etc.

La deuxième partie, plus essentielle encore, comprend l'itinéraire de la Forêt, toutes ses délicieuses promenades, tous ses curieux rochers, tous ses pittoresques points de vue, ses vieux chênes, ses bois sacrés ; les endroits les plus recherchés des peintres et les choses les plus dignes de leur pinceau ; puis enfin les fêtes patronales et récréations champêtres qui en égaient et animent les sites agrestes.

Ici se termine la tâche que je me suis imposée d'initier le voyageur à la connaissance des curiosités que Fontainebleau renferme, et de le guider, en quelque sorte par la main, dans la visite de son Palais et de ses pittoresques déserts. Dans une sixième Édition, que je fais mettre sous presse en ce moment, je donnerai à mes lecteurs, amateurs de botanique, la nomenclature des principales plantes rares et intéressantes qui croissent dans la Forêt, et qui, chaque année, y attirent une foule de botanistes et d'herristes de la Capitale. Cette espèce de Catalogue, que je dois à la bienveillance d'un amateur distingué, M. M......., sera suivi de quelques Conseils sur ce qu'il y aurait à faire pour l'embellissement de notre Cité et de notre Forêt.

Puissent ces Opuscules être favorablement accueillis du Public, et je serai alors amplement dédommagé des vingt années de recherches et d'études que mes diverses publications m'ont coûtées.

SERVICE DE LA POSTE AUX LETTRES

DE FONTAINEBLEAU.

Départs des Courriers pour Paris, Melun, Montereau, et heures de la levée de la Boîte.	1re levée de la Boîte.	8 h. 15 m. du mat.
	2me levée de la Boîte.	1 h. » m. du soir.
	3me levée de la Boîte.	9 h. » m. du soir.

Départs des Courriers pour Auxerre, Dijon, Tonnerre, Montargis, Nemours, Pithiviers.	Une seule levée et un seul départ.	8 h. » m. du soir.

Arrivée des Courriers venant de Paris, Melun, Montereau, et heures de leur disbution en Ville.	1re distribution.	7 h. » m. du mat.
	2me distribution.	10 h. 30 m. du mat.
	3me distribution.	4 h. 30 m. du soir.

Arrivée des Courriers venant d'Auxerre, Dijon, Tonnerre, Montargis, Nemours, et heures de leur distribution en Ville.	Une seule distribution	7 h. » m. du mat.

Il existe deux boîtes dans la Ville : la première est située place de l'Étape au Vin, au café du Chemin de Fer ; la deuxième, place au Charbon, chez Mme Cudot, libraire.

Le Bureau de la Poste est ouvert tous les jours, de 7 heures du matin à 7 heures du soir.

CHEMIN DE FER DE PARIS A LYON.

(Service d'Été).

Départs de Paris pour Fontainebleau.

Omnibus.	Omnibus.	Direct.	Omnibus.	Direct.	Omnibus.	Omnibus.	Direct.
MATIN.	MATIN.	MATIN.	MATIN.	SOIR.	SOIR.	SOIR.	SOIR.
7 h. 35	8 h. 35	10 h. 35	12 h. 15	1 h. 35	4 h. 5	5 h. 35	8 h. 5

Départs de Fontainebleau pour Paris.

Omnibus.	Omnibus.	Omnibus.	Direct.	Direct.	Omnibus.	Omnibus.	Direct.
MATIN.	MATIN.	MATIN.	MATIN.	SOIR.	SOIR.	SOIR.	MATIN.
6 h. 46	8 h. 46	11 h. 1	12 h. 6	3 h. 25	7 h. 1	8 h. 16	2 h. 58

PRIX DES PLACES :

1re Classe, 6 fr. 10 c. — 2me Classe, 4 fr. 60 c. — 3me Classe, 3 fr. 40 c.

Départs de Fontainebleau pour Montereau.

Omnibus.	Omnibus.	Direct.	Omnibus.	Direct.	Omnibus.	Omnibus.	Direct.
MATIN.	MATIN.	MATIN.	SOIR.	SOIR.	SOIR.	SOIR.	SOIR.
9 h. 35	10 h. 21	12 h. 6	2 h. 15	3 h. 6	6 h. 5	7 h. 35	9 h. 35

NOTA. — Les trains directs ne contiennent que des Voitures de 1re et de 2e Classe.

Trains de plaisir de Paris à Fontainebleau.

Départs de Paris, tous les Dimanches, à 10 heures du matin ; et de Fontainebleau, à 10 heures du soir, pendant les grands jours.

Le trajet se fait en une heure 5 minutes.

PRIX DES PLACES, ALLER ET RETOUR :

Voitures de première Classe, 6 fr. — Voitures de deuxième Classe, 4 fr. 50 c.

FONTAINEBLEAU

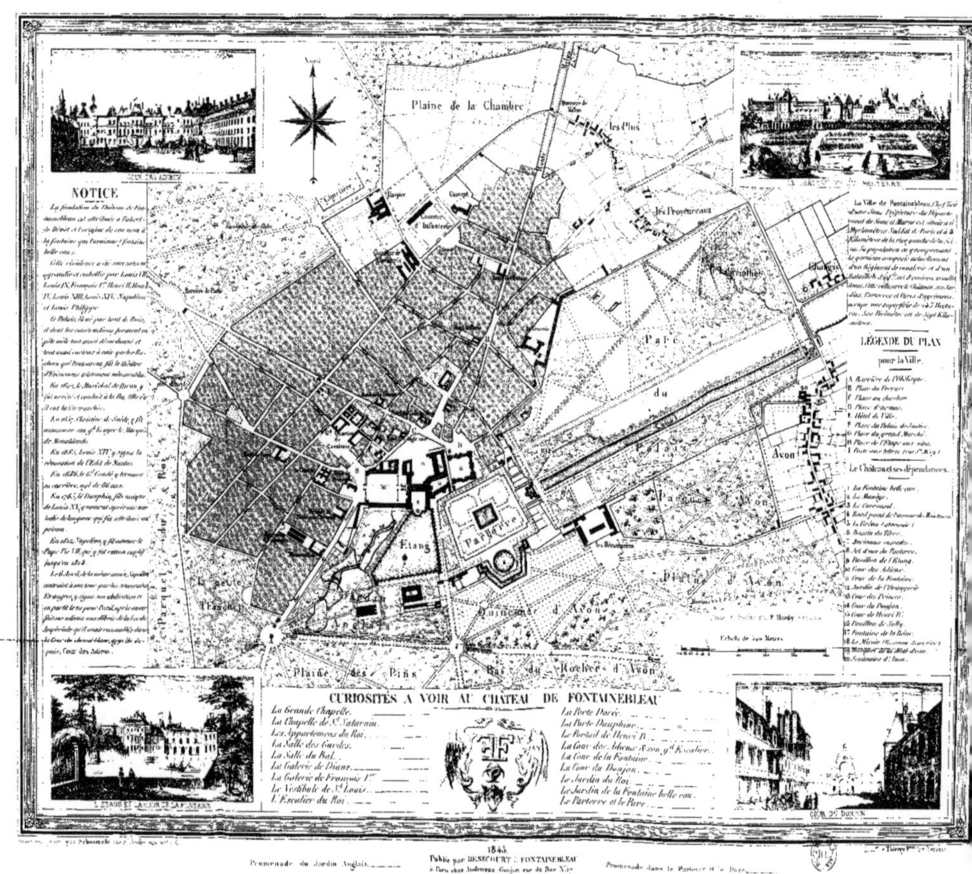

PALAIS DE FONTAINEBLEAU.

Résumé Historique.

La fondation du Château de Fontainebleau est attribuée à Robert le Dévot, roi du x1^{me} siècle, et l'origine de son nom à la fontaine qui en arrose les délicieux jardins.

Fontainebleau fut successivement agrandi et embelli par Louis VII, Louis IX, François Ier, Henri II, Henri IV, Louis XIII, Louis XIV, Napoléon et Louis-Philippe. Les artistes célèbres qui le décorèrent de leurs œuvres, furent nombreux. Parmi les plus illustres, nous citerons le Primatice, Nicolo del Abate, Léonard de Vinci, le Rosso, Serlio, Benvenuto - Cellini, Jules Romain, Ambroise Dubois, Fréminet, Alaux, Blondel, Abel de Pujol, Moënch, Picot et M. Couder, qui, en ce moment, restaure la galerie de François Ier.

Ce Palais élevé par tant de rois, par tant d'artistes, et dont les nombreuses constructions, amoncelées les unes sur les autres, forment un pêle-mêle admirable et tout aussi curieux à voir que les rochers qui l'environnent, fut le théâtre de bien des événements, pour la plupart des plus tristes et des plus néfastes.

En 1602, le 4 juin, Henri IV y fit arrêter le maréchal de Biron, son ami et compagnon d'armes, accusé de l'avoir trahi, qui, un mois après, eut la tête tranchée pendant la nuit, à la lueur des flambeaux, dans la cour de la Bastille.

En 1657, le 10 novembre , Christine , l'ex-reine de Suède, y fit assassiner, sous ses yeux, le marquis de Monaldeschi, son amant.

En 1685, Louis XIV y signa la révocation de l'Édit de Nantes, acte par lequel il déshonora son long règne.

En 1686, le grand Condé y termina sa carrière, âgé de 66 ans.

En 1765, le 20 décembre, le Dauphin, fils unique de Louis XV, y mourut après une maladie de langueur qui fut attribuée au poison. Ce prince, fils de roi et jamais roi, fut néanmoins père de trois rois de France, Louis XVI, Louis XVIII et Charles X.

En 1808, Charles IV, roi d'Espagne, détrôné par Napoléon, séjourna au château de Fontainebleau comme prisonnier, pendant vingt-quatre jours.

En 1812, au mois de juin, Napoléon y fit également amener le Pape Pie VII, qui y fut retenu captif jusqu'au 24 janvier 1814.

Le 6 avril de la même année, Napoléon, contraint à son tour par les souverains étrangers, y signa son abdication et en partit le 20 avril pour l'exil, après avoir fait ses adieux aux débris de la Garde Impériale qu'il avait rassemblés là, dans la cour du Cheval-Blanc, appelée depuis cour des Adieux.

Le 30 mai 1837, un événement moins triste se passait à Fontainebleau ; c'était la célébration du mariage du duc d'Orléans avec la princesse Hélène de Mecklembourg.

C'est dans le parc du palais de Fontainebleau, le 16 avril 1846, que le dernier attentat contre la vie de Louis-Philippe eut lieu, par Lecomte, ex-garde général de la Liste-civile, qui d'une embuscade tira ses deux coups de feu sur le roi, entouré de sa famille, sans atteindre personne.

Itinéraire du Palais.

On entre au palais de Fontainebleau soit par la porte dite des Mathurins, soit par la grille de la cour des Adieux. Les portiers indiquent aux étrangers la Conciergerie, où l'on trouve les employés qui ont mission de conduire dans les appartements et d'en expliquer ce qu'il y a de plus remarquable.

COUR DES ADIEUX. — Sous François Ier, qui la fit construire, elle était appelée *Grande Cour*, à cause de son étendue qui est de cent cinquante-deux mètres sur cent deux mètres ; puis *Cour des Tournois*, parce qu'elle était, lors des grandes fêtes, le théâtre de ces joûtes chevaleresques, assez rudes et souvent périlleuses, qui faisaient les délices de la Cour et de la noblesse de ces temps-là ; ensuite on la nomma *Cour du Cheval-Blanc,* parce que, sous le règne de Charles IX, la fameuse Catherine de Médicis, digne mère de ce roi, y fit placer un cheval en plâtre qu'elle avait envoyé mouler à Rome d'après celui de Marc-Aurèle. Cette figure équestre, quoique abritée sous un dôme que l'on avait élevé au milieu de la cour, tomba de vétusté, en 1626, après avoir duré environ soixante ans.

Mais, en 1814, époque de tristes souvenirs pour la France, la cour du Cheval-Blanc reçut, par les mémorables adieux de Napoléon, un quatrième baptême, baptême qui certes devait éclipser et effacer tous ceux qui l'avaient précédé...

La cour des Adieux est enfermée au nord et à l'est par deux suites de bâtiments qui datent du temps de François Ier et dont le style composite et irrégulier offre un aspect passablement remarquable et pittoresque.

Au sud de la cour était une façade aussi coquette que celle du nord et comprenant la galerie d'Ulysse, l'une des plus vastes et des plus intéressantes du palais par les nombreuses et charmantes compositions du Primatice dont elle était décorée, et que le goût dépravé de Louis XV fit démolir pour édifier à la même place le très-grand et très-disgracieux corps de bâtiment, espèce de caserne, que nous voyons aujourd'hui.

La belle grille en fer qui limite cette cour du côté de l'ouest est due à Napoléon. Les deux aigles magnifiques qui la décorent avaient été arrachées par l'invasion de 1814. C'est la République qui les a replacées par l'intermédiaire de l'un de ses fils dévoués, Auguste Luchet, alors administrateur du domaine national de Fontainebleau. Mais la chose la plus remarquable et la plus digne de fixer l'attention dans la cour des Adieux, c'est le monumental escalier qui décore la façade du fond et qui est l'œuvre de Lemercier, architecte de Louis XIII. C'est l'escalier d'honneur ; mais on l'appelle l'*Escalier du Fer à Cheval* à cause de sa forme qui est celle, en effet, d'un fer à cheval.

GALERIE DES FRESQUES ou DES ASSIETTES. — Espèce de bonbonnière due à Louis-Philippe et remarquable par une vingtaine de tableaux peints par le célèbre Ambroise Dubois, peintre de Henri IV.

Parmi les lambris dorés qui recouvrent les murs de cette jolie petite galerie, on a placé d'une manière tout-à-fait singulière une quantité d'assiettes en porcelaine de Sèvres sur lesquelles sont de gracieuses peintures. Il y en a trente-six qui représentent les principaux monuments français, et cinquante-deux qui contiennent des sujets relatifs à l'histoire de Fontainebleau, des paysages pris dans la forêt, ou des vues du château : l'indication de chaque sujet se lit dans un petit médaillon sur le pourtour des assiettes.

APPARTEMENT DES REINES MÈRES. — Cet appartement, composé de dix pièces, est ainsi nommé parce que jadis il fut occupé par les reines veuves. C'est là néanmoins que fut logé Charles-Quint, pendant son séjour à Fontainebleau, en 1539, lorsqu'il y vint voir François Iᵉʳ, son rival de gloire. C'est aussi là que fut logé Charles IV, roi d'Espagne, et plus tard le pape Pie VII, lors de sa captivité de 1812 à 1814. Depuis, ce vaste et magnifique appartement fut destiné au duc et à la duchesse d'Orléans, qui l'habitaient chaque fois qu'ils venaient séjourner à Fontainebleau.

ANTICHAMBRE. — Huit tableaux, dont les plus estimés représentent : la Marchande d'Amours, par Vien, maître de David ; et la Lecture de la Bible, d'après Gérardow.

SALON D'ATTENTE. — Plusieurs beaux tableaux des peintres Coypel et Mignard ; riche tapisserie des Gobelins.

SALON DE FAMILLE. — Cinq tableaux, peints par Valayer, Delaporte et Sauvage ; deux belles tapisseries des Gobelins.

CHAMBRE A COUCHER. — On y remarque quelques tableaux, peints par Menjaud et Bergeret, et surtout un portrait de Pie VII, par David.

CABINET DE TOILETTE. — Meubles très-coquets, très-gracieux.

SECOND CABINET. — Aussi joli, aussi coquet que le précédent. Meuble en porcelaine de Sèvres, donné à la princesse Hélène lors de son mariage.

SALON DE RÉCEPTION. — Cette pièce, qui a servi d'oratoire à Pie VII, est splendidement décorée. Les meubles et les tapisseries sont dignes de fixer l'attention. Les arabesques qui ornent les caissons de la voûte et les panneaux du lambris, sont du célèbre Cotelle, de Meaux.

DEUXIÈME SALON. — Très-beau plafond à compartiments remplis de délicieux ornements. La tapisserie plus riche et plus belle encore que dans la pièce précédente. Dans cette pièce, on remarque un très-beau meuble du temps de François Iᵉʳ, si toutefois on ne l'a pas déplacé.

TROISIÈME SALON. — Deux tableaux, par Lancret et Patel. Quatre belles parties de tapisseries.

GRANDE ANTICHAMBRE, servant aussi de Salle à Manger. — Cette pièce, dont le plafond est moderne et à compartiments de bon goût, est ornée d'une vingtaine de tableaux, dont les meilleurs représentent : l'Intérieur de l'Église de Saint-Laurent, à Nuremberg, par Justin Ouvrié ; Vue prise dans la Grande-Rue d'Inspruck, par Guiaud.

VESTIBULE DES GRANDS APPARTEMENTS.—Cette pièce est remarquable par ses six portes sculptées d'une manière tout-à-fait imposante. On voit dans la frise, autour du plafond, le chiffre des souverains qui ont le plus contribué à l'embellissement du palais de Fontainebleau. Meubles en chêne sculpté, très-anciens.

GRANDE CHAPELLE dite DE LA SAINTE-TRINITÉ. — C'est l'un des plus gracieux vaisseaux d'église que l'on rencontre en Europe. Saint Louis en fut le fondateur en 1229 ; mais alors ce n'était qu'une espèce d'oratoire que François 1er fit démolir et remplacer par la chapelle que nous voyons aujourd'hui, en la laissant toutefois sans aucun ornement. La décoration n'en fut commencée que sous Henri IV, et terminée par Louis XIII, son fils et successeur, grâce aux reproches de don Pèdre, ambassadeur d'Espagne, qui osa dire au Béarnais que, dans son palais de Fontainebleau, Dieu était moins bien logé que Sa Majesté. Les peintures, qui sont de Fréminet, artiste des plus remarquables de ces temps-là, se composent de cinq tableaux peints sur la voussure, représentant : l'Arche de Noé ; la Chute des Anges ; les Puissances célestes entourant Dieu le Père et lui rendant hommage ; Dieu envoyant l'ange Gabriel annoncer le Messie sur la terre ; et les Saints Pères apprenant l'annonce du Messie.

Au-dessus de la tribune des musiciens, le tableau a pour sujet l'Annonciation de la Vierge.

Ces six grandes compositions sont accompagnées de quatre tableaux symboliques et de forme ovale ; puis, entre les trumeaux des fenêtres sont peints, à peu près grands comme nature, les rois de Jérusalem, Saül, David, Salomon, Roboam, Abbias, Azar, Josaphat et Joram. Sur la droite et sur la gauche des rois, des grisailles représentent les patriarches et les prophètes, puis, entre ces grisailles, les figures emblématiques de la Prévoyance, de la Patience, de la Diligence, de la Paix, de la Concorde, de la Clémence, etc., etc.

Les quatre angles de la voûte sont remplis par quatre tableaux, représentant : la Foi, la Religion, l'Espérance et la Charité.

L'autel, élevé sous Louis XIII, est l'ouvrage de l'Italien Bourdoni : le tableau qui le décore est une Descente de Croix, par Jean Dubois. Les deux statues qui, à droite et à gauche, représentent Charlemagne et saint Louis, sont de

Germain Pilon. Au-dessus de l'autel sont quatre anges en bronze du même auteur.

Cette chapelle, qui doit être restaurée incessamment, a quarante mètres de longueur sur huit de largeur ; sa hauteur, prise sous clé de voûte, est de seize mètres.

Son parvis est une riche mosaïque de différentes espèces de marbres.

GALERIE DE FRANÇOIS Ier (1). — Cette galerie, construite en 1530, par François Ier, a soixante mètres de longueur sur six mètres de largeur. Son plafond et ses lambris sont en bois de noyer couvert de sculptures, au milieu desquelles on voit alternativement des salamandres alimentées par des flammes, et des trophées, devises de ce roi.

Quatorze grands tableaux entourés d'immenses et magnifiques bas-reliefs en stuc, accompagnés de médaillons et peints à fresque, sont l'œuvre du célèbre Rosso, peintre de l'école Italienne, et non du Primatice, comme certains biographes l'ont avancé. En voici l'énoncé :

Sur le côté droit, qui est celui donnant sur la cour de la Fontaine, l'on trouve : François Ier ouvrant aux Français le temple des Arts et des Sciences ; l'Union de tous les corps du royaume, où l'on voit François Ier entouré de tous les Ordres ; le dévoûment de Cléobis et de Biton ; Danaé ; la Mort d'Adonis ; l'Arrivée d'Esculape à Rome et la Fontaine de Jouvence ; le Combat des Lapythes et des Centaures.

Sur le côté gauche, en retour, l'on rencontre :

Vénus qui châtie l'Amour ; l'Éducation d'Achille ; le Naufrage d'Ajax ; la Fontaine Belle-Eau ; la Ruine et l'Incendie de Troie ; un Triomphe représenté par un Éléphant ; l'Appareil d'un Sacrifice.

Ces quatorze grands tableaux sont autant d'allégories rappelant les victoires, les revers et les amours de François Ier.

APPARTEMENTS DU ROI.

ANTICHAMBRE. — Deux tableaux remarquables, un surtout qui représente une Sainte-Famille, de Raphaël, et l'autre la Leçon de Flûte, par Lancret.

(1) Cette vaste Salle est en pleine restauration.

CABINETS DE TRAVAIL. — Deux pièces très-élégamment restaurées, et dont une possède un délicieux tableau de fleurs, par Van Spaendonck.

SALLE D'ABDICATION. — Pièce éternisée par l'abdication de Napoléon, qu'il signa là sur une modeste table, que l'on voit recouverte d'un tapis comme pour la dérober aux regards des profanes !.....

AUTRE CABINET DE TRAVAIL. — Le tableau que l'on voit au plafond est l'œuvre de J.-B. Régnault.

CHAMBRE A COUCHER. — C'était celle de Napoléon. Rien n'y a été changé ; le lit, les meubles sont ceux qui lui servaient. Les peintures, représentant des amours, sont l'œuvre de Sauvage.

SALON DE FAMILLE, autrefois **SALLE DU CONSEIL.** — La magnifique décoration de cette pièce est due à François Boucher, peintre de Louis XV. Le grand tableau représente Apollon suivi par des Amours et précédé par l'Aurore.

SALLE DU TRONE. — La riche décoration de cette salle date de la fin du règne de Louis XIII et du commencement de celui de Louis XIV, comme l'indiquent les emblêmes de ces deux rois, tels que les massues et les soleils qui sont en grand nombre parmi les ornements.

Le portrait en pied de Louis XIII, qu'on voit sur la cheminée, est peint d'après Philippe de Champagne.

Le magnifique lustre en cristal de roche qui orne la salle du Trône coûte 150 mille francs. Le trône qui se trouve là date seulement du règne de Napoléon qui n'y donna qu'une seule fois audience. L'on y remarque la table du serment des maréchaux, recouverte d'un riche tapis sur lequel on voit les attributs de l'Empire.

BOUDOIR DE LA REINE. — Cette jolie petite pièce a été décorée, en 1780, par ordre de Louis XVI, pour Marie-Antoinette. Le sujet qui orne le plafond représente l'Aurore, par Barthélemy.

Les espagnolettes des croisées, d'un travail admirable,

ont été faites par Louis XVI, qui s'exerçait, comme on sait, à faire de la serrurerie.

CHAMBRE A COUCHER DE LA REINE. — Le plafond, magnifiquement sculpté, est décoré d'un très-beau et très-grand médaillon, accompagné de quatre plus petits, avec des ornements surhaussés d'or. On remarque aussi dans cette pièce les riches tentures que supporte le baldaquin du lit, ainsi que deux commodes venant de la chambre de Marie-Antoinette, à Versailles.

SALON DE MUSIQUE. — Le plafond est décoré d'un tableau peint par Barthélemy, dont le sujet représente les neuf Muses et une Minerve, par Vincent. Les dessus de porte, peints par Sauvage, représentent des sacrifices faits au dieu Mercure.

Une table en porcelaine de Sèvres, peinte par Georget.

PETIT SALON, ci-devant Cabinet de Clorinde. — Rien de remarquable.

GALERIE DE DIANE. — Cette galerie, de plus de quatre-vingts mètres de longueur, fut construite par Henri IV en l'an 1600, et décorée par Ambroise Dubois, peintre célèbre de cette époque. La voussure, comme tous les lambris de cette longue salle, étaient couverts de ses chefs-d'œuvre. Mais malheureusement le temps et l'état d'abandon dans lequel Fontainebleau est resté après la chute de la royauté, ont amené la destruction de ces chefs-d'œuvre.

Cependant Napoléon, en restaurant cette antique résidence, et ensuite Louis XVIII, qui voulait y laisser quelques souvenirs de son règne, nous rendirent sinon les peintures d'Ambroise Dubois, du moins une nouvelle galerie de Diane, où figurent plus de cinquante belles compositions dont les sujets sont tirés de la mythologie et peints à l'huile sur plâtre, par MM. Abel de Pujol et Blondel; ils représentent en grande partie la fabuleuse vie de Diane et d'Apollon. Outre ces nombreuses et belles fictions, on voit dans la galerie de Diane vingt-cinq tableaux sur toile, acquis par la Liste-Civile à la suite des expositions de 1815 à 1824. Les plus estimés de ces vingt-cinq tableaux, d'une assez belle dimension, portent les numéros ci-après :

121. Saint Louis délivrant des prisonniers, par Granet.

128. Diane de Poitiers aux genoux de François Ier, implorant la grâce de son père, par Mme Haudebourt-Lescaut.

131. Henri IV et le capitaine Michaut, par Watelet.

133. Saint Louis au tombeau de sa mère, par Bouton.

134. Henri IV, par Mausès.

A l'extrémité de la galerie, on admire un immense et magnifique vase en biscuit, venant de la manufacture nationale de Sèvres.

APPARTEMENTS DE RÉCEPTION.

ESCALIER DE LA REINE. — Le chiffre de Marie-Antoinette, placé dans les intervalles de la rampe en fer, indique que cet escalier fut construit sous le règne de Louis XVI. Le grand tableau du fond, peint par Parrochel, représente Louis XV chassant dans la forêt de Compiègne. Les autres tableaux sont également des sujets de chasse, peints par Oudry et F. Desportes.

ANTICHAMBRE. — On voit dans cette pièce, dont le plafond à caissons est magnifique, trois riches panneaux en tapisserie des Gobelins, d'après Coypel, représentant quelques scènes de la fabuleuse histoire de don Quichotte.

SALON DES TAPISSERIES. — Il est ainsi nommé à cause des admirables tapisseries qui le décorent et dont la majeure partie vient des manufactures de Flandre. Elles représentent les mois de l'année avec les signes du zodiaque. Le panneau qui est sur la cheminée, fait d'après le tableau du baron Gros, représente François Ier et Charles-Quint, visitant les tombeaux de Saint-Denis. Le plafond de cette pièce, restaurée en 1835, est très-remarquable.

SALON DE FRANÇOIS Ier. — C'était le salon de famille de ce roi. C'est lui qui l'avait fait décorer du gracieux plafond, des lambris et de la magnifique cheminée que l'on y admire. Les tableaux qui sont au-dessus des trois portes, sont de Rouget. Le médaillon, sur la cheminée, est une peinture à fresque du célèbre Primatice. Au-dessous est un bas-relief en stuc, apporté d'Italie en 1528.

Les tapisseries qui décorent en grande partie cette très-belle pièce ont été faites aux Gobelins, d'après les dessins du peintre Rouget. Elles représentent plusieurs scènes mémorables de saint Louis, de François Ier et de Henri IV.

SALON DE LOUIS XIII. — C'était, jusque vers le milieu du règne de Henri IV, la chambre à coucher des reines de France. Louis XIII y est né en 1601. Elle fut décorée par le célèbre Paul Bril. Ambroise Dubois, qui exécuta les peintures, a tiré ses sujets du roman grec *Théagène et Chariclée,* œuvre de l'évêque de Trica. Quinze grands tableaux d'une merveilleuse composition, qui rappellent la plus belle époque de l'art en Italie, achevèrent de faire de ce salon la pièce la plus élégante parmi toutes celles déjà décrites. Sous Louis XV, ces tableaux furent réduits à onze, parce qu'alors on avait besoin de portes plus larges pour ne pas gêner les grandes dames avec leurs paniers et leurs costumes à la Pompadour. C'est dans ce magnifique salon que se voit la première glace qui ait été connue en France. Elle fut faite à Venise.

SALLE DE SAINT-LOUIS. — Ce sont deux grandes pièces, qui, au moyen de la très-large porte vitrée qui les sépare, n'en font pour ainsi dire qu'une seule ; c'était jadis la chambre à coucher de Louis IX. La décoration que l'on y voit a été commencée sous Louis XV et continuée sous l'Empire ; le plafond a été orné seulement en 1835.

Sur la vaste cheminée, dont le chambranle est du temps de Louis XIV, s'élève un bas-relief en marbre blanc représentant Henri IV à cheval, par Jacquet, dit Grenoble. Des tableaux qui surmontent le lambris, cinq sont relatifs à la vie de ce monarque ; les autres sont des allégories.

Dans la deuxième partie de la salle sont cinq tableaux d'Ambroise Dubois, dont trois représentent des scènes du roman de Théagène et Chariclée, et les deux autres sont des épisodes tirées de la guerre des Croisades. On remarque dans cette pièce une pendule qui est un véritable chef-d'œuvre.

SALLE DES GARDES. — Ainsi nommée parce qu'autrefois les gardes-du-corps de service se tenaient là pour veiller à la sûreté du roi. Alors elle était d'une simplicité complète. Sa décoration actuelle ne remonte pas au-delà de 1830. C'est M. Moënch qui a fait de cette pièce une des plus belles choses à voir dans le château.

La cheminée en marbre blanc est un véritable monument. Dans son encadrement intérieur, on y voit le buste de Henri IV, par Germain Pilon. Les deux statues qui sont de chaque côté, sont l'œuvre du sculpteur Francaville ; elles représentent : l'une la Force, et l'autre la Paix.

La décoration de cette magnifique salle est alternée de manière à rappeler tous les princes qui ont concouru à l'élévation ainsi qu'à l'embellissement du palais de Fontainebleau, depuis François Ier, sa plus grande époque, jusqu'à Louis-Philippe : des peintures à l'huile sur bois, des portraits enjolivés d'or, des arabesques entourant des figures allégoriques, tout cela enrichi de guirlandes d'un goût exquis ; des chiffres et devises rappelant les différents règnes et les principaux événements qui ont signalé leur durée.

Ajoutons que, dans cette pièce, un magnifique parquet de marqueterie, en rapport avec le plafond, a achevé de la rendre la plus grandiose et la plus coquette.

La salle des Gardes servait de foyer au théâtre lorsque Louis-Philippe et sa famille venaient séjourner à Fontainebleau.

SALON DE LOUIS XV. — Très-joli boudoir, dont le plafond est orné d'un tableau allégorique, représentant Louis XV comme le protecteur des arts et des sciences, lui qui fit détruire la magnifique galerie d'Ulysse !

Le tableau que l'on voit à gauche, en entrant, est le portrait de Diane de Poitiers, par le Primatice.

Les sept autres sujets qui ornent ce joli cabinet et qui sont de l'école de Lebrun, représentent sous la forme allégorique sept mois de l'année.

SALLE DE SPECTACLE. — C'était autrefois la salle de *la Belle-Cheminée,* ainsi nommée à cause d'une gigantesque et magnifique cheminée qui en décorait le fond, et que Louis XV, encore, fit disparaître pour transformer cette pièce en salle de spectacle des plus mesquines, et n'offrant absolument rien de remarquable.

Le Devin du Village, de Jean-Jacques Rousseau, y a eu sa première représentation en présence de la Cour de Louis XV et du célèbre auteur lui-même, qui était parvenu à se faire introduire dans une loge grillée pour voir jouer sa jolie petite pièce, dont le succès outrepassa toutes ses espérances.

ESCALIER DU ROI. — C'était, sous François Ier, la chambre à coucher de la duchesse d'Étampes, maîtresse de ce monarque. Elle a été supprimée sous Louis XV et remplacée par l'escalier que nous voyons aujourd'hui.

Les tableaux et les médaillons entourés de dorures, majestueusement encadrés par des bas-reliefs en stuc, sont l'œuvre du Primatice et de Nicolo, qui les ont peints à fresque.

L'éclat et la magnificence qu'offre cet escalier, naguère dans le plus mauvais état, sont dûs au riche talent de MM. Abel de Pujol et Moënch. Huit des tableaux qu'on y admire représentent des sujets tirés de la vie d'Alexandre.

Celui qui orne le plafond, et dont le sujet représente l'apothéose de ce héros de l'antiquité, est dû au pinceau de M. Abel de Pujol.

Les portraits de Louis VII, de Louis IX, de François Ier, de Henri II, de Henri IV, de Louis XIII, de Louis XIV, de Napoléon, de Louis-Philippe et de la reine Amélie, sont l'œuvre de M. Moënch.

APPARTEMENT DE MAINTENON. — Il se compose de trois pièces principales, élégamment ornées et couvertes de dorures. On y remarque deux meubles du fameux Boule, dont le travail est d'un fini parfait. C'est dans cet appartement, dit-on, que Louis XIV, séduit par les persévérantes insinuations de la veuve Scaron et surtout par les instigations du prêtre Letellier, son confesseur, signa la révocation de l'Édit de Nantes.

GALERIE DE HENRI II ou SALLE DES BALS ET FESTINS DE LA COUR. — Cette galerie, bâtie par François Ier et décorée par Henri II, a trente mètres de longueur sur dix de largeur. C'est la plus belle et la plus vaste qu'ait construit la renaissance, dont elle porte au plus haut degré le cachet, a dit le savant M. Poirson dans un de ses brillants articles sur Fontainebleau, article que nous copions à peu près textuellement pour bien rendre cette description :

« Les dix grandes arcades qui forment les baies des croisées de la salle de Bal sont bâties à plein cintre et ont une épaisseur qui excède trois mètres : les portes sont petites ; le plafond, en bois de noyer, est composé de vingt-sept cadres ou caissons octogones, embellis dans leurs cavités, d'architraves, de frises et de corniches. Tous les murs, à une hauteur de deux mètres, sont garnis d'un lambris de bois de chêne ; au-dessus de la porte est une tribune de menuiserie à parquet, destinée à recevoir les musiciens. Au plafond, les cadres ou caissons ont un fond d'argent et d'or ; le lambris et la tribune sont ornés de filets d'or ; l'effet de cet argent, de cet or et du bois, est vraiment prodigieux de richesse et d'élégance ; il est impossible de trouver rien de plus doux, de plus caressant à l'œil, de plus riant à l'imagination..... Parmi cette magnificence, mais toute matérielle, vous trouvez ces inestimables produits du génie ; vous admirez neuf pages immenses et cinquante-quatre tableaux moins grands, que Primatice et Nicolo nous ont légués et que M. Alaux a dignement restaurés.

» Tous ces sujets sont empruntés à l'ancienne mythologie et pris dans ce qu'elle offre de plus poétique et de plus gracieux.

» En partant de la tribune des musiciens, les quatre grandes compositions, du côté du parterre, sont les suivantes :

» Cérès, au milieu des divinités de sa suite, préside aux travaux de la moisson ;

» Vulcain forgeant des armes pour Cupidon, à la demande de Vénus ;

» Le Soleil, entouré des Saisons et des Heures, parcourt les signes du zodiaque. Phaëton vient lui demander à conduire son char ;

.» Philémon et Baucis récompensés pour avoir donné l'hospitalité à Jupiter et à Mercure, et les Phrygiens punis pour la leur avoir refusée.

» Les quatre autres grands tableaux sur le côté de la cour du Donjon, toujours en partant de la tribune, sont :

» Bacchus célébrant une bacchanale avec Hébé, des Fauncs et des Satyres ; quelques Lions et Léopards sont près de là ;

» Apollon, sur le Parnasse et près de la fontaine Castallie, exécute un concert avec six des Muses ;

» Les Dieux, assemblés pour une récréation, regardent la danse des trois Grâces ;

» La Discorde jetant la pomme sur la table du festin des noces de Thétis et de Pélée.

» A ces huit grandes compositions, placées entre les fenê-tres, il faut en ajouter une neuvième, non moins grande, que l'on voit derrière l'orchestre de la tribune ; ce sont divers groupes de musiciens et de danseurs, puis un groupe de femmes et d'enfants occupés d'un concert.

» Quant aux cinquante-quatre compositions de moindre dimension, cinquante décorent les voûtes des dix arcades des croisées, et quatre sont à droite et à gauche de la cheminée.

» Ces derniers représentent :

» Hercule combattant ;

» Une Diane aux Enfers, ayant près d'elle Cerbère ;

» Un gentilhomme du temps de François Iᵉʳ combattant un loup cervier ;

» Diane se reposant après la chasse. On prétend que c'est la célèbre Diane de Poitiers. »

Tous les artistes, tous les connaisseurs qui viennent vi-siter et admirer la galerie de Henri II, cette merveille du château de Fontainebleau, s'accordent à dire, avec M. Poir-son, que M. Alaux, en restaurant les chefs-d'œuvre qui foisonnent dans cette vaste salle, a rendu Primatice et Nicolo à la France et à l'art, autant qu'on pouvait les leur rendre.

CHAPELLE DE SAINT-SATURNIN. — Elle a été con-struite sous Louis VII, et rebâtie par François Iᵉʳ. Sa dé-coration, qui consiste en divers ornements dorés, a été faite sous le règne de Louis XIII. Ses vitraux de couleur vien-nent de Sèvres ; ils ont été faits sur les dessins de Marie d'Orléans, duchesse de Wurtemberg et fille de Louis-Phi-lippe, morte à la fleur de son âge, à Pise, en Toscane. L'au-tel est celui sur lequel le pape Pie VII a célébré l'office di-vin, étant captif à Fontainebleau, depuis le 20 juin 1812 au 21 janvier 1814.

GALERIE DES COLONNES. — Cette vaste pièce, d'une décoration sévère, avec d'énormes colonnes imitant le stuc, peintes en vert de mer, a été construite depuis 1830. Elle servait de salle d'attente et quelquefois de salle à manger au roi. Ses principaux ornements sont ceux du plafond, à caissons, et ceux des portes qui sont modelées d'après celles du Louvre.

VESTIBULE DE SAINT-LOUIS. — Il est remarquable par son style gothique et les statues qui le décorent. L'escalier, qui de ce vestibule conduit aux étages supérieurs, mérite aussi d'être vu.

PORTE DORÉE. — Cette porte, communiquant de la cour du Donjon à l'avenue de Maintenon, est ainsi nommée à cause de la profusion de dorures dont elle brille. Sa décoration consiste en huit grands tableaux peints à fresque, par Nicolo, d'après les desseins du Primatice. — Ces huit compositions, restaurées par M. Picot, représentent :

Hercule habillé en femme par Omphale ; Hercule dans les bras d'Omphale ; un Titon et l'Aurore ; le départ des Argonautes ; Pâris blessé par Pyrrhus ; Diane visitant Endymion ; les Titans foudroyés par Jupiter ; l'Aurore enlevant Orion.

Cette porte, dont la voûte à compartiments se compose de seize caissons, est supportée par deux colonnes en grès, d'une seule pièce. Le millésime de 1528, ainsi que la salamandre couronnée qu'on remarque parmi les ornements qui la décorent, indiquent suffisamment que sa construction appartient au règne de François 1er.

COUR OVALE ou DU DONJON. — *Ovale*, à cause de son ancienne forme ; *du Donjon*, parce qu'autrefois, étant fortifiée, elle possédait, comme tous les châteaux féodaux, le Donjon de rigueur, c'est-à-dire une grosse tour carrée surmontée d'une tourelle.

Cette cour, dont l'étendue est de 77 mètres de longueur sur 38, et qui jadis comprenait tout le château, est très-remarquable par l'ancienneté des édifices qui l'entourent, et surtout par la singularité du style d'architecture à la fois bizarre et grandiose qui la distingue. On y voit encore le pavillon qu'habitait saint Louis, informe construction dont le côté sud est flanqué d'une tourelle dans laquelle règne un escalier qui est tout à fait en rapport avec l'aspect gothique du bâtiment. Mais ce qui doit fixer davantage l'attention des artistes, ce sont : le péristyle donnant entrée aux appartements de la reine, et qui est l'œuvre de Serlio, architecte de François Ier ; la porte Dauphine, élégante construction élevée par Henri IV, et surmontée d'un dôme sous lequel fut baptisé, en 1606, le Dauphin, qui depuis a régné sous le nom de Louis XIII.

On remarquera à l'égard de la Cour du Donjon comme à l'égard des autres parties du Château, que toutes les constructions qui sont ornées de salamandres ou d'F couronnés, appartiennent au règne de François Ier, et que toutes celles où l'on voit le chiffre de Henri IV datent du temps de ce prince.

COUR DES OFFICES, ou DE HENRI IV. — *Des Offices,* parce que la plus grande partie du rez-de-chaussée comprend les cuisines qui servaient à la cour ; *de Henri IV,* pour rappeler qu'elle fut construite par les ordres de ce prince.

Cette cour, tapissée d'un gazon toujours vert et frais, forme un carré de 80 mètres sur chaque façade, dont trois se composent de dix-sept pavillons à peu près uniformes et d'une architecture assez simple.

La chose la plus remarquable que présente la Cour de Henri IV, c'est le magnifique portail donnant sur la Place d'Armes, portail dont la hauteur est de 25 mètres, et qui est l'un des plus beaux morceaux d'architecture du Palais de Fontainebleau. Cette construction, à la fois simple et grandiose, a été élevée d'après les dessins d'un nommé Jamin, qui, de simple manœuvre, né au hameau de Changy, près Fontainebleau, est devenu l'un des architectes les plus distingués du temps de Henri IV, qui l'a annobli à cause de ses talents. C'est en 1609 que furent terminées les immenses constructions qui entourent la Cour que nous venons de décrire.

COUR DE LA FONTAINE. — Cette cour, entourée sur trois côtés par d'élégantes constructions qui appartiennent aux règnes de François Ier, de Henri IV, de Louis XIV, et dont l'ensemble se mire dans les eaux limpides du vaste étang qui la limite au sud, est l'une des plus jolies et des plus remarquables du Château. En voyant ces édifices élevés avec art et d'une manière tout à fait grandiose, on se croirait transporté dans une de ces villas enchantées de l'Italie. Mais ce qui ajoute au charme qu'éprouve le visiteur, c'est le délicieux point de vue qui s'offre sur l'étang, dont les bords sont si gracieusement ombragés par le jardin Anglais et par les gigantesques tilleuls de l'avenue de Maintenon. Le nom de cette cour vient de la fontaine qu'on y voit : elle est à quatre jets d'eau, et surmontée d'une statue d'Ulysse, en marbre blanc, sculptée par Petitot.

JARDIN ANGLAIS. — Ce fut jadis une forêt de broussailles que Napoléon fit transformer comme nous le voyons aujourd'hui. Là était la célèbre fontaine *Belle-Eau*, à qui le château et la ville de Fontainebleau doivent leurs noms, et dont malheureusement la source a été en grande partie perdue lors des travaux hydrauliques qui y furent exécutés sous l'Empire. Les deux bâtiments que l'on remarque dans ce jardin, sont le Carrousel, construit sous Louis XIV et Louis XV pour les chevaux de la Maison royale, et le Manége, élevé en 1810 pour l'usage de l'École militaire, alors établie dans les bâtiments de l'aile gauche de la cour des Adieux. La superficie du jardin Anglais est de seize hectares, distribués et plantés de la manière la plus gracieuse, et dont les frais et délicieux bosquets, les magnifiques allées, et les chemins aux sinueuses et mystérieuses courbures, offrent à la fois les promenades les plus agréables et les délassements les plus suaves.

Ceux des arbres les plus remarquables et les plus beaux qui ornent le Jardin Anglais, sont : le Marronnier d'Inde, le Marronnier à fleurs rouges, le Noyer noir d'Amérique, le Hêtre pourpre, le Sycomore, l'Acacia blanc, le Saphora du Japon, le Platane d'Orient, le Peuplier d'Italie et celui du Canada, le Pin d'Écosse et celui de Corse, le Sapin blanc, l'Épicéa, le Tulipier de Virginie, le Catalpa, le Cerisier à fleurs doubles, l'Ébénier odorant, l'Arbre de Judée, etc., etc.

PARTERRE. — C'est un carré de plus de trois hectares, enfermé de la manière suivante : au nord, 1.° par la façade

des offices ; 2° par la grille neuve, à travers laquelle on voit
le baptistaire de Louis XIII ; 3° par le pavillon du Dauphin ;
4° par le bâtiment qui comprend à la fois la chapelle de
Saint-Saturnin et la chapelle Haute ; 5° par le bâtiment dont
le rez-de-chaussée se compose de la galerie des Colonnes, et
l'étage supérieur de la magnifique galerie de Henri II, avec
ses vastes fenêtres ; et enfin par la Porte-Dorée, construction
très-élevée, du règne de François Ier. Au couchant, le parterre est limité par la belle et magnifique avenue de Maintenon. Au midi, par le fossé du Bréau, dont les eaux viennent de la fontaine *Belle-Eau,* et du côté de l'est, le parterre
a pour limite les deux grilles du parc et le tertre qui surmonte les anciennes cascades, d'où la vue s'étend sur toute
la longueur du Canal.

Depuis son origine, sous François Ier, ce jardin d'a-
grément a subi plusieurs transformations; d'abord sous
Henri IV, puis sous Louis XIV, époque à laquelle il a été
dessiné par Lenôtre tel que nous le voyons aujourd'hui. La
pièce d'eau, de forme ronde, se nommait le Tibre, à cause
d'une figure allégorique en bronze qui était au milieu,
avec un groupe représentant Romulus et Rémus allaités par
une louve. En 1793 on l'a enlevée pour la convertir en ca-
nons.

La pièce d'eau du milieu du Parterre est carrée et alimen-
tée par une vasque, sorte de pot bouillant dont le jet est passablement abondant.

A l'angle nord-est de ce jardin s'élève le pavillon de
Sully, vieille construction ainsi nommée, parce que, sous le
règne de Henri IV, elle fut habitée par le vertueux Sully. La
toiture à pans coupés et celle de forme conique qui dis-
tinguent cette construction indiquent, ainsi que le style
d'architecture de son ensemble, qu'elle appartient au règne
de François Ier : c'était alors le pavillon du *grand cham-
bellan.* Aujourd'hui ce n'est plus qu'une espèce de ruine re-
plâtrée, servant de logement à l'architecte du palais, mais
néanmoins d'un aspect assez pittoresque.

PARC. — C'est Henri IV qui a acquis le vaste terrain
sur lequel le Parc a été établi, et dont la contenance totale
est d'environ 84 hectares. C'est lui qui a fait creuser et en-
tourer le Canal de murs en grosserie ; c'est l'un des plus

beaux de France : il comprend 1,200 mètres de longueur sur 39 de largeur.

Avec le canal, le parc renferme une autre pièce d'eau appelée le Miroir, à cause de sa forme et de la limpidité de son liquide. C'est le réservoir des eaux du château ; elles viennent des rochers du Calvaire et sont amenées par des conduits souterrains. Sur la gauche du Miroir se trouve la fameuse treille que Louis XV fit planter, et dont la longueur excède 1,400 mètres. Elle produit, dit-on, année commune, de trois à quatre mille kilogrammes d'excellent chasselas, qui ne le cède en rien pour la délicatesse à celui de Thomery, dont la réputation est presque européenne.

Mais ce qui orne le plus majestueusement le Parc, ce sont les vieilles et hautes avenues qui le croisent dans tous les sens, et parmi lesquelles on admire principalement celle conduisant au hameau de Changy. Les ormes qui la composent, plantés il y a deux cents ans, sont d'une élévation prodigieuse. A côté et sur la gauche de cette gigantesque avenue, on pénètre sous les feuillages moins élevés, moins sévères d'un labyrinthe, dont les routes étroites et sinueuses, très-gracieusement boisées, offrent des promenades plus délicieuses encore.

Au bout et à droite du Parc, s'élève, quelque peu en amphithéâtre, des maisons, au milieu desquelles on remarque une vieille construction qui semble appartenir au xi° siècle : c'est l'église d'Avon, qui fut, jusqu'au règne de Louis XIII, la paroisse du bourg de Fontainebleau. Là reposent les cendres de Monaldeschi, cet infortuné Italien, sacrifié à la vengeance de Christine de Suède, dont l'impunité fut un autre crime ; celles du célèbre peintre Ambroise Dubois ; puis celles du savant mathématicien Bezout, né à Nemours, et du naturaliste d'Aubanton, morts tous deux au hameau des Basses-Loges, où ils s'étaient retirés pour se reposer de leurs scientifiques travaux.

On remarque aussi dans cette modeste église une pierre tumulaire, dont l'inscription indique que c'est dans ce lieu où furent déposées les cendres de Philippe-le-Bel, mort à Fontainebleau en 1314.

PARTIES DU PALAIS

Qui ne sont visitées que par les personnes munies d'une permission spéciale.

APPARTEMENT DE L'AILE NEUVE. — Il est composé de huit pièces qui ont été ornées et décorées en 1809 pour les sœurs de Napoléon. Sous le dernier règne il fut donné au duc et à la duchesse de Nemours. Les riches tentures de soie, ainsi que les siéges dorés qui en composent l'ameublement, viennent des fabriques de Lyon. L'antichambre et la salle à manger sont ornées de quatorze tableaux dont les plus estimés sont : deux paysages, par Hilaire; deux vues de ruines, par Robert; une vue de la forêt de Fontainebleau, par Cabat; et une vue de cascades, par Crépin.

APPARTEMENT DES CHASSES. — Il fut destiné au prince de Joinville et se compose, comme le précédent, de huit pièces ornées de quarante tableaux, presque tous sujets de chasse, peints par Oudry et Desporte.

PETITS APPARTEMENTS. — Ils se composent de quinze pièces, ornées de trente-deux tableaux diversement remarquables.

ANCIENNE GALERIE DES CERFS. — Elle est actuellement convertie en petites pièces. C'est dans une de ces pièces qu'on lit, au bas d'une fenêtre, l'inscription funèbre qui indique que c'est là où la fameuse Christine de Suède fit massacrer l'infortuné marquis de Monaldeschi, son amant. On remarque dans la même pièce un tableau qui représente la première scène de ce terrible drame.

CHAPELLE HAUTE. — Elle est ainsi nommée parce qu'elle a été surajoutée précisément au-dessus de la chapelle de Saint-Saturnin, qui n'en forme, en quelque sorte, que le caveau. Elle a été bâtie par François 1er. Sa forme ovale et gondolée lui donne un aspect très-gracieux. Sa longueur est de 18 mètres et sa largeur en a 8. Sa hauteur sous clé de voûte est de 16 mètres. Son architecture est de de deux ordres, dorique et composite. On remarque dans cette chapelle douze pilastres avec leurs chapiteaux d'ordre dorique et les douze colonnes qui les surmontent et supportent les principaux cintres de la voûte. Cette voûte en berceau se compose de petits cadres en caissons avec moulures ; elle est d'un travail hardi et très-délicat.

Le chiffre amoureux de Henri II et de Diane de Poitiers se voit encore dans les ornements de cette chapelle. Mais on y voit principalement ceux de Henri IV et de Marie de Médicis, puis celui de Louis XIII et d'Anne d'Autriche.

La chapelle Haute, transformée en bibliothèque sous l'Empire, renferme environ trente mille volumes, dont le plus grand nombre se composent d'ouvrages précieux. Disons ici que le bibliographe qui est parvenu à réunir au château de Fontainebleau cette quantité considérable de bons livres, fut le savant Antoine Barbier, que l'Empereur avait choisi pour son bibliothécaire.

JARDIN DE DIANE. — Sous François Ier qui en avait fait décorer les allées en buis, il fut nommé le *Jardin des Buis.* Plus tard, sous Louis XIII qui y fit établir une orangerie, il fut appelé *Jardin de l'Orangerie.* Cette orangerie fut deux fois détruite par le feu, en 1702 et 1789.

Sous l'Empire on le désignait sous le nom des *Petits-Jardins.* Louis-Philippe l'ayant complètement fait embellir et transformer en un délicieux Éden, destiné particulièrement aux délassements de la Cour, on le nomma le *Jardin du Roi.*

La République lui a rendu son véritable nom, *Jardin de Diane,* à cause de la magnifique fontaine de ce nom qui le décore, et dont le socle du bassin est surmonté d'une statue en marbre blanc représentant une Diane chasseresse.

Il est à regretter que ce joli jardin soit non-seulement interdit aux visiteurs ainsi qu'aux habitants du pays, mais qu'il soit séparé de la ville par une haute et hideuse muraille qui en dérobe la vue et donne au Palais l'aspect d'une vaste prison. Espérons que ce grand et vilain rideau de pierre, espèce de bastille élevée par Louis-Philippe, et qui enlaidit si affreusement Fontainebleau, s'abaissera un jour, et qu'alors, on aura la jouissance d'une des promenades les plus attrayantes et les plus à proximité du centre de la ville.

Mais, en attendant, allons savourer les délices de notre vaste et pittoresque Forêt.

LA

FORÊT DE FONTAINEBLEAU.

Notice statistique.

La Forêt de Fontainebleau était jadis appelée *Forêt de Bierre*, à cause de *Bierra*, guerrier danois surnommé *Côte de Fer*, qui, l'an 845, vint y camper son armée et y laissa d'affreuses traces de brigandage. Ce n'est que vers le XIme siècle que nous la voyons convertie en domaine de la Couronne et prendre le nom qu'elle porte aujourd'hui. Sa superficie est de 17,000 hectares, et son pourtour de 100 kilomètres. Les routes, les chemins, les sentiers qui la sillonnent dans toutes les directions, dans tous les sens, comprennent un développement qui excède 200 myriamètres (environ 500 lieues). Son sol, que les eaux diluviennes ont si singulièrement bouleversé et déchiré, présente des mouvements de terrains très-remarquables, et des accidents aussi variés que multipliés. Ce sont des rochers, des gorges profondes, des antres, des cavernes ou des plaines, des vallées, des monts, des buttes et des plateaux, mais partout des sites charmants, des bois et des bocages offrant des promenades délicieuses.

Les rochers de Fontainebleau, évalués à plus de 4,000 hectares, forment principalement de longues chaînes ou collines, qui s'élèvent souvent, ainsi que les plateaux de cette contrée, jusqu'à 140 mètres au-dessus du niveau de la

Seine. C'est de leur sein que l'on extrait les grès qui servent au pavage des rues de la Capitale et des routes environnantes. Ces rochers qui, naguère encore, étalaient partout leur aridité, leur primitive sauvagerie, sont aujourd'hui en grande partie couverts d'essences résineuses, où dominent le Pin maritime, le Pin sylvestre et le Pin de l'île de Corse. On y remarque des Sapins et quelques Cèdres. Mais plus des deux tiers de la forêt de Fontainebleau comprennent des arbres indigènes, dont les principales espèces sont : le Chêne, le Hêtre, le Charme et le Bouleau. On y voit aussi quantité de Houx, de Genevriers, et presque partout l'humble Bruyère. Les hautes futaies, disséminées sur divers cantons, y occupent à peu près deux milliers d'hectares. Les plus jeunes n'ont pas moins d'un siècle : quant aux plus vieilles, leur âge se perd dans la nuit des temps. C'est parmi ces imposants débris de l'ancienne *Forêt de Bierra,* que l'on rencontre des Chênes qui ont jusqu'à 7 mètres de circonférence.

Mais ce qui ajoute admirablement à l'aspect qu'offre cette vaste et pittoresque Forêt, c'est l'immense Palais qui en occupe à peu près le centre ; ce sont les gracieux contours de la Seine et du Loing qui l'entourent en grande partie ; ce sont les châteaux, les hameaux, les bourgades, les villages, qui en forment la riante ceinture, et semblent avoir été posés là comme pour protéger ses abords et lui communiquer l'animation et le mouvement.

ITINÉRAIRE

DE TOUTES

Les charmantes Promenades

AUX

SITES ET ROCHERS DE LA FORÊT.

Ainsi que nous l'avons dit bien des fois déjà, on ne parviendra à visiter convenablement la forêt de Fontainebleau qu'en s'y prenant avec méthode et, en quelque sorte, avec art ; c'est-à-dire muni d'une bonne carte ou d'un itinéraire exact, et en se dirigeant conformément aux indications qui s'y trouvent.

D'après toutes les belles et jolies routes, tous les chemins et sentiers délicieux que, par suite de nos incessantes sollicitations, l'Administration forestière a fait ouvrir, et tous les travaux de ce genre que nous avons nous-même fait exécuter et qui complètent parfaitement les percements de la forêt, il nous a été possible, enfin, d'établir les plus heureuses combinaisons de promenades.

Ces combinaisons, résultat de laborieuses recherches et d'une longue expérience, sont de deux sortes. Par la première, nous distribuons tous nos sites les plus pittoresques en huit promenades destinées aux personnes à pied, et, par la seconde, nous divisons la forêt en promenades parcourables en voiture.

Dans l'une comme dans l'autre de ces deux sortes de promenades, on pourra choisir en raison des instants que l'on aura à consacrer à nos pittoresques déserts, vu qu'elles diffèrent en étendue.

Outre cette facilité, voici en quoi consiste encore notre méthode, méthode très-essentielle et pourtant rarement observée par les guides et cochers qui conduisent dans la forêt :

1° A éviter le plus possible les sables et tout trajet monotone en faveur des chemins qui à la fois sont peu fatigants et offrent le plus de belles choses à voir ;

3

2° A effectuer chaque promenade dans le sens voulu pour avoir des effets de lumière convenables et voir nos sites sous leur aspect le plus intéressant ;

3° A pouvoir visiter tous les sites, tous les points de vue d'une promenade, sans être obligé de parcourir plus d'une fois le même chemin, le même endroit ;

4° A fuir, autant que possible, l'ardeur du soleil, pour marcher de préférence sous de frais et délicieux ombrages ;

5° A pouvoir se reconnaître facilement dans chaque promenade, à l'aide des flèches et des numéros que nous avons peints sur les arbres et les roches qui en jalonnent le plus remarquablement le trajet ;

6° A rencontrer de l'eau, à point nommé, lors de la halte de chacune des grandes tournées en voiture.

Nous allons donc, d'après les combinaisons et la méthode que nous venons d'expliquer, et autant que le permet le cadre de ce mince ouvrage, initier le curieux voyageur aux agrestes beautés de nos remarquables et riants déserts de Fontainebleau, en commençant par l'itinéraire des promenades uniquement parcourables à pied. Elles sont, ainsi que nous venons de le dire, au nombre de huit, toutes plus intéressantes et plus pittoresques les unes que les autres. Mais ces promenades de prédilection, pour quiconque aime à explorer et à contempler la nature dans ses accidents les plus mystérieux, les plus capricieux, et craint peu la fatigue, ne doivent pas être entreprises, surtout les deux premières, par des personnes peu marcheuses. Cependant nous avons vu plus d'une fois ces deux grandes et belles excursions vers les gorges de Franchard et vers les gorges d'Apremont, entreprises et menées à bien par des dames, même assez peu robustes.

PROMENADE AUX GORGES DE FRANCHARD.

Développement : 15 kilomètres.

ITINÉRAIRE.

Cette longue et très-curieuse promenade, l'une des plus rocheuses et des plus à découvert, ne devra se parcourir que le matin ou dans l'après-midi, et nullement par un temps chaud, un temps lourd.

Son point de départ est la barrière de Paris, barrière dite de *la Fourche*. Parvenu là, deux grandes routes s'offrent en vue ; la principale, à votre droite, est celle de Paris, et, à gauche celle de Fleury. Il faudra vous diriger par celle-ci, ou plutôt par le sentier qui en longe, sous bois, la rive gauche, et dont l'entrée est signalée par une flèche bleue, peinte sur l'écorce d'un orme. Cette marque, vous la retrouverez à l'entrée de chaque route, de chaque chemin que vous aurez à suivre, si toutefois, comme nous l'avons dit plus haut, la malveillance et la jalousie du bien que l'on n'a pas fait, et que soi-même on est incapable de produire, veulent bien ne plus la faire disparaître. Déjà, en maint endroits de la forêt, nous l'avons reproduite, et nous la reproduirons autant de fois et partout où un ignoble et stupide vandalisme s'acharnerait à la détruire. Néanmoins, si, malgré tous nos soins et toute notre persévérance, ces innocentes flèches venaient à vous faire défaut, les traces de leur immolation suffiraient encore à vous indiquer votre marche, surtout aidé d'une carte ou de cet itinéraire.

Donc, en partant de la barrière de Paris, prenez le sentier qui longe, sous bois, le côté gauche de la route de Fleury. Suivez-le pendant l'espace d'un kilomètre, c'est-à-dire jusqu'au deuxième carrefour où vous prendrez, à gauche, un autre sentier qui gravit en serpentant le mont Fessas. Parvenu sur le plateau, traversez un carrefour, en laissant une route à votre droite. Quelques instants après, vous arriverez, toujours en parcourant de délicieux ombrages, sur un autre carrefour, que vous franchirez en laissant une route à votre gauche, pour arriver bientôt sur un embranchement de trois routes, d'où vous aurez une assez belle échappée de vue. Continuez le plateau, un instant encore, pour prendre, à gauche, le sentier des *Quatre-Sœurs*, sentier dont les ombrages vous plairont davantage. Suivez ses sinuosités en coupant plusieurs routes de chasse et en négligeant, à droite, un faux sentier qui vous ramènerait sur la route centrale. Quelques pas encore, et vous allez vous trouver tout-à-fait au bord du plateau, d'où vous jouirez de la plus belle vue du mont Fessas. Continuez le sentier au bord du plateau, pour déboucher sur un chemin plus large et descendant dans la gorge du Houx. Suivez ce chemin, en négligeant celui que vous allez voir à votre gauche ; parvenu sur une croisière de quatre routes, dirigez-vous à droite pour retrouver bientôt, à gauche, notre sentier qui, en peu d'instants, vous conduira parmi les imposantes et curieuses roches des Danaïdes et ensuite sur le Belvéder de la gorge du Houx, l'un des plus beaux points de vue de la forêt de Fontainebleau (1).

En continuant toujours ainsi la promenade, conformément à nos flèches indicatives, vous ne tarderez pas à vous trouver sur le carrefour de la Croix de Franchard, croix qui a pour base un amas de grès réunis là, il y a des siècles, par les efforts des ermites du désert de Franchard. Traversez le vaste et sablonneux carrefour d'où s'élèvent ces grès et cette croix, pour arriver, dix minutes plus loin, à l'humble ruine de Franchard, habitée par un garde de la forêt. Là, on trouve, maintenant, un café restaurant bien tenu par MM. Lapotaire frères. Il y a longtemps qu'un établissement aussi utile était désiré par les nombreux amateurs et visiteurs de la vaste forêt de Fontainebleau. On y est parfaitement bien traité et pas trop cher : confortable, élégance, propreté, rien ne manque au pavillon de l'ermitage de Franchard.

Des ruines de Franchard, vous irez visiter les gorges de ce nom, en prenant le chemin qui fait face à la porte principale de l'habitation du garde. Ce chemin, après quelques pas, devient moins large et plus sinueux ; alors il prend le nom de *Sentier des Abeilles*. Il vous conduira, en moins de cinq minutes, et en laissant, à gauche, la mare des Ermites, sur la route des Chasseurs, que vous aborderez en descendant un rustique escalier de grès. Alors, en suivant cette route, à gauche, vous allez vous trouver à l'entrée des gorges de Franchard, précisément entre la Roche qui Pleure et le rocher des Ermites. Nous ne vous dirons pas combien ce site et tout ce que, plus loin, vous allez voir mérite de fixer votre attention. Nous vous rappelons que le cadre de ce mince ouvrage ne nous permet autre chose qu'un simple itinéraire, et même très-sommairement indiqué. Ayant contemplé cette belle et pittoresque entrée des gorges de Franchard, prenez à droite, entre la fameuse *Roche qui Pleure* et une autre

(1) Les numéros que vous apercevrez sur les roches et sur le tronc des arbres se rattachent à l'itinéraire historique et descriptif que nous publions par livraison et sous le titre de *Délices de Fontainebleau*.

masse de grès, formant toutes deux l'entrée de l'incomparable sentier des Druides.

Nota. — Ce sentier, dont la création est une des plus grandes pages de mes recherches et de mes travaux pittoresques, se compose de trois sections, ayant ensemble trois kilomètres de développement, qu'il ne faut pas manquer de parcourir, si l'on tient à n'en pas échapper les plus belles choses. Il sillonne tout ce que les gorges de Franchard offrent de très-remarquable, de très-imposant et de plus sauvage. Son périmètre, formant une courbe des plus singulièrement accidentées et des plus capricieusement tourmentées, vous ramènera près l'habitation du garde, après avoir offert à vos regards étonnés une suite non-interrompue de sites et de points de vue très-variés.

Que de voyageurs, pourtant, s'en retournent de Franchard sans avoir parcouru ce merveilleux sentier ! Le plus grand nombre des curieux visiteurs en explorent tout au plus la première section. Beaucoup même ne sont amenés qu'à l'entrée des gorges et croient avoir vu tout ce qu'il y a, par là, de plus remarquable. Cela tient, disons-le encore, à ce que l'on vient s'aventurer dans nos beaux déserts sans autre guide que le hasard, ou bien accompagné par des cicérones connaissant à peine la forêt, ou par des individus la connaissant, mais qui sont intéressés à abréger la course afin de la répéter le plus possible en un jour.

Ainsi donc, lecteur, vous êtes prévenu que les gorges de Franchard, cette belle et imposante partie de la forêt de Fontainebleau, ne peuvent être convenablement visitées qu'en parcourant les trois sections, les trois kilomètres du *Sentier des Druides*, sentier dont nous allons vous signaler les principales choses.

Première Section. — Roche qui Pleure et entrée du sentier. — Premier point de vue sur les Gorges. — Galerie encaissée entre les grès, à la suite de ce premier point de vue. — Très-beau et très-vieux genevrier. — Plus loin, autre genevrier plus remarquable encore, et passages de plus en plus abruptes. — Grotte et roche de Philippe-Auguste. — Roches de Diane de Poitiers. — Deuxième beau point de vue sur les gorges. — Tunnel de la Roche Moloch. — Passage de la Roche à Marie. — Carrefour des gorges de Franchard.

Deuxième Section. — Traversez le carrefour des gorges de Franchard, en laissant deux chemins, soit à droite, soit à gauche. Gardez-vous de prendre celui qui vous fait face et semble se diriger tout d'abord au *Lion des Druides ;* car, par là, vous éluderiez les plus belles choses de la deuxième section.

Ayant donc franchi le fond des gorges, en laissant deux chemins d'un côté comme de l'autre, notre sentier vous conduira par les endroits suivants : La *Grande Roche.* — Premier beau point de vue. — Passage sous la roche du *Héron.* — Deuxième beau point de vue, ou *Belvéder des Druides.* — La *Roche Couvrante.* — Galerie du *Rocher-Déchiré.* — Antre des *Druides.* — Passage et roche de l'É-querre. — Plateau et points de vue du rocher des Druides. — Couloirs et labyrinthe du Rocher des Druides. — Descente à l'Arche des Druides et arrivée sur la route des Chasseurs.

Troisième et dernière Section. — Cette section, plus inté-ressante encore que les deux premières, se parcourt en coupant la route des Chasseurs, et en passant par les très-remarquables endroits que voici : Chêne et rocher de la Belle-Gabrielle. — Ascension au rocher de Henri IV et très-beau point de vue. — Bancs de grès très-imposants. — Rocher et passage du *Dragon.* — Redoute du Dragon et vue sur les gorges. — Passage de l'*Alisier.* — Gorge et rochers de la *Reine-Blanche.* — Roche et oratoire de Saint-Louis. — Passage de la *Biche.* — Roche d'Esther. — Passage et rocher de Cellini. — Grotte du frère Guillaume, premier ermite de Franchard. — Passage de la Roche-Mutilée. — Galerie et rocher des *Bouleaux.* — Grand point de vue des gorges de Franchard. — Descente et passage du Sanglier. — Caverne des gorges de Franchard. — Retour sur le sommet des gorges. — Gorge et rochers du Petit-Chaos. — Chêne de Maintenon et rentrée à Franchard.

SECTION DE FRANCHARD A FONTAINEBLEAU. — Repartez de la ruine de Franchard en retournant sur vos pas jusqu'au chêne de Maintenon, c'est-à-dire environ 150 mè-tres, en laissant à votre droite le chemin des Abeilles et à votre gauche une route plus large. Revenu au pied de ce chêne solitaire, prenez le sentier à gauche, et en vous diri-geant toujours d'après nos flèches vous parcourrez encore de très-curieux endroits, tels que le sentier de la Mare-aux-Pigeons, en passant devant le sphinx des *Druides,* et après la mare, les roches de *Médicis.* — Le beau carrefour du Chêne-Rouge. — Le point de vue et la caverne à Ségogne. — La route et les points de vue nord des platières du rocher Long-Boa. — Le sentier sillonnant les crètes de ce rocher et ses plus beaux points de vue, notamment son grand belvéder. — La grotte aux Chevreuils. — Les roches de la Cave à Louis Tissier. — La caverne du Long-Boa. — Les roches des Quatre-Sœurs. — Le point de vue sur la vallée du Cormier. — Le petit belvéder du rocher Long-Boa. — La descente de ce rocher et les roches Houdan. — Traversée du carrefour situé au bas des grès, en laissant une route à droite. — Chemin des roches Taglioni. — Les Roches-Dames du petit Mont-Aigu. — Sentier des Grandes-Roches. — Ascension au belvéder du grand Mont-Aigu. — Descente par le sentier de la roche du Tonnerre. — Sentier et ombrages du bas mont Fessas, et retour à Fontainebleau par la barrière de la Fourche.

PROMENADE AUX GORGES D'APREMONT.

Développement : 15 kilomètres.

ITINÉRAIRE.

Cette promenade, non moins développée, non moins grande que la précédente, est plus intéressante encore et offre des sites, des rochers, des bois, des points de vue d'un aspect plus imposant et beaucoup plus grandiose. Cependant elle est beaucoup moins fréquentée que celle de Franchard : mais, à Franchard, on y trouve une buvette, chose précieuse surtout pour les cochers ; tandis que vers les magnifiques déserts d'Apremont l'on n'y trouve, l'on n'y voit que des arbres quatre à cinq fois séculaires, des amas de grès plus saisissants, des chaînes de rochers sans fin et enfermant de vastes gorges, toutes choses, en un mot, qui ne parlent qu'à l'âme du poète, à l'âme de l'artiste, à l'âme de quiconque est amateur de la merveilleuse nature.

Mais il faut dire aussi que les chemins de voiture qui pénètrent dans les gorges d'Apremont sont affreusement sablonneux, affreusement fatigants, et que si aujourd'hui le trajet à pied est facile et très-agréable, il n'y a certes pas longtemps ; car c'est par là que sont venues finir nos dix-sept années de *rêveries pittoresques ;* c'est-à-dire que par là aussi nous avons créé et fait ouvrir de curieux et charmants sentiers ; par là aussi nous avons ajouté aux magnificences de la forêt de Fontainebleau.

Pour effectuer cette belle et grande promenade des gorges d'Apremont, il faudra, comme pour celle de Franchard, sortir de la ville par la barrière de la Fourche et vous diriger, non par le sentier qui longe la route de Fleury, mais bien par celui qui est latéral à la route de Paris. Par ici nos flèches indicatives vous viendront également en aide, comme dans toutes les autres promenades destinées à être parcourues pédestrement : disons que celle-ci, bien mieux ombragée que celle qui précède, peut s'entreprendre à toute heure du jour.

Donc, étant rendu à la barrière de la Fourche, prenez le sentier qui borde la gauche de la route de Paris, entre les ormes et le bois taillis ; suivez-le jusque vers le pied de la côte, c'est-à-dire jusqu'à l'endroit où commence la haie qui le sépare du pavé. Ici, dirigez-vous à gauche par l'étroit sentier qui pénètre sous les pins ; vous le suivrez dans ses courbures plus ou moins sinueuses, en coupant plusieurs routes de chasse et en cheminant constamment sous les ombrages. Bientôt votre sentier devient plus direct et moins étroit pendant quelques cent pas ; ensuite il incline à droite pour reprendre ses sinuosités, qu'il faut suivre en coupant encore plusieurs routes de chasse, et l'on ne tarde pas à s'embrancher dans un chemin plus spacieux et ombragé par un bois plus joli, plus attrayant : c'est l'entrée de la *Gorge aux Chevreuils,* située au sud de la *Fosse à Rateau.* Cette gorge, sans être rocheuse, est agréablement solitaire.

Quelques cents pas encore, et vous parviendrez sur le haut du plateau, en traversant une route, pour passer immédiatement sous les voûtes plus élevées d'une antique futaie appelée la Tillaie.

Lorsque vous en aurez parcouru le sentier quelques instants, les arbres vous apparaîtront plus hauts, plus imposants ; mais bientôt vous allez passer au pied de deux véritables colosses, indiqués par les n°° 1 et 2 : le premier est le *Condé* et l'autre le *Turenne.*

Deux minutes après avoir dépassé ces deux géants, vous arriverez sur un carrefour de six routes et au pied de l'arbre le plus haut et le plus droit de la forêt : c'est le *Bouquet du Roi.* Du pied de cet arbre, prenez à droite la route qui s'en rapproche le plus, et qui, après soixante ou quatre-vingts pas, vous amènera, en traversant une autre route, devant le *Pharamond,* chêne des plus imposant par sa force comme par son aspect chauve, et surtout par ses racines saillantes au-dessus du sol. Nous l'avons signalé par le n° 4.

A peine aurez-vous quitté ce doyen des vieux hôtes de la Tillaie, et suivi le chemin inclinant à votre gauche, que vous vous trouverez entre le *Hoche* et le *Marceau,* chênes aussi beaux, aussi grands que le nom qu'ils portent, et signalés par les n** 5 et 6 ; on les nomme aussi les *Deux Frères.* Vous couperez la route qui les sépare pour retrouver aussitôt la continuation de notre sentier et passer devant d'autres Burgraves non moins remarquables. Tout d'abord le n° 7 vous indique le *Buffon.* Plus loin, à 50 pas sur la gauche du sentier, le n° 8, imprimé sur un hêtre bien haut et bien droit, vous annonce que tout près de là se voit le *Chêne du Christ,* arbre ayant parfaitement la forme d'une croix imposante et majestueuse. En perdant de vue cet arbre très-remarquable, vous allez passer devant le *Danaüs,* autre chêne d'une belle force, portant le n° 9. Ici le sentier décrit légèrement sa courbe à droite, pour vous permettre de passer au pied du dernier des plus beaux et des plus forts de ces géants : c'est le chêne de *Notre-Dame des Bois.*

En contemplant ce colosse, dont un de ses énormes bras fut naguère arraché par la tempête, vous verrez dans son vaste tronc, sinon une madone, sinon l'image de la sainte dont il porte le nom, mais tout simplement l'espèce de niche qui jadis l'abritait, et qui attend depuis longtemps que quelques âmes pieuses viennent la lui rendre.

Du chêne de Notre-Dame des Bois, le sentier vous conduira, après une marche de quelques cents pas, à l'extrémité de la futaie, pour passer sous les ombrages moins sévères d'un jeune et mince taillis, que vous traverserez en deux minutes et au bout duquel vous couperez un carrefour, en laissant deux routes à droite comme à gauche.

Ici la scène change. Au lieu d'un terrain uni et richement boisé, ce n'est plus qu'un sol rocailleux et couvert en grande partie de bruyères et d'arbres résineux. En continuant, vous passerez près de l'unique chêne, assez mince, qui se trouve par là. C'est le chêne du *Vautour*, ainsi nommé parce qu'un oiseau de ce nom y fut tué, en 1837, d'un coup de pistolet, par un Anglais.

En quittant ce chêne solitaire, vous franchirez un carrefour de quatre routes, en en laissant deux à votre droite, pour descendre dans la gorge *au Chasseur Noir*, gorge étroitement encaissée et allant aboutir dans une autre gorge beaucoup plus vaste et plus profonde, que l'on appelle *le Désert d'Apremont*. A l'entrée de ce désert, apparaissent deux genevriers séculaires très-coquets, entre lesquels vous passerez, et qui semblent postés là, de chaque côté du chemin, comme gardiens de cet agreste vallon : on les appelle *Baucis* et *Philémon*.

A quelques cents pas au-delà de ces deux beaux genevriers, vous traverserez un carrefour, en laissant deux routes à votre gauche. Continuez à parcourir la vallée quelques centaines de pas encore, en laissant successivement et également à gauche deux autres chemins. Parvenu jusqu'au troisième, du même côté, vous le prendrez. Ce chemin n'est rien moins qu'un long et étroit couloir, où vous marcherez comme enseveli dans les pins, plus épais, plus fourrés par là. Vous allez voir, tout-à-l'heure, sur votre gauche, une roche assez remarquable, signalée par le n° 13 : c'est le *Cerbère*. Poursuivez toujours directement jusqu'au deuxième chemin à droite. En le prenant, vous pénétrerez dans la *Gorge Serpente* pour arriver ensuite sur le *Montoir d'Apremont*, où vous jouirez d'un double et magnifique point de vue sur l'ensemble des gorges et rochers de cette imposante partie de la forêt de Fontainebleau. Le n° 15, tout près de là, vous indiquera la roche du *Crocodile*. Suivez le sentier qui descend le versant occidental du Montoir d'Apremont pour vous diriger vers *la Caverne aux Brigands*, en parcourant d'abord la *Grande-Gorge*, où vous verrez des amas de grès considérables et dont les masses énormes se présentent souvent sous les formes les plus bizarres, les plus fantastiques. Le n° 16 vous indiquera le rocher *Poirson*, très-beau groupe de grès que vous contournerez pour prendre, à quelques pas plus loin, le sentier qui conduit à la caverne. En le gravissant, vous remarquerez encore une quantité de belles et très-grandes roches, entre autres les n°° 17 et 18. Parvenu sur le sommet de la montagne, vous trouverez facilement l'entrée de la caverne aux Brigands. Après en avoir exploré les ténébreuses cavités, vous reprendrez le sentier qui continue à sillonner la crète du rocher et d'où vous allez de nouveau contempler un magnifique panorama. Continuez et vous allez descendre sur le travers d'un autre petit chemin. Celui-ci est le *sentier de Lantara*. Suivez-le, à gauche, pour descendre encore, et vous allez vous retrouver parmi des masses de grès des plus volumineuses et des plus imposantes.

Le sentier *Lantara* va aboutir sur le carrefour des gorges d'Apremont, où commence le *vallon des Peintres*. Traversez ce carrefour, en laissant une route à votre gauche, et parcourez ce jardin, planté d'arbres séculaires, jusque vers le chêne de Henri IV, au pied duquel vous retrouverez notre sentier.

Il vous conduira tout d'abord dans la *Longue-Gorge*, où vous verrez encore d'assez beaux groupes de grès, notamment le *rocher Stéphanie*. Continuez à parcourir cette gorge dans toute sa longueur, et en passant au pied de la roche *Marthe*. Parvenu sur le sommet, le sentier décrit un cercle sur la droite, d'où vous jouirez d'un point de vue délicieux. C'est *le Belvéder de Henri IV*. Après quelques autres détours, votre chemin se divise en deux. Prenez à gauche le *sentier du Cicérone*, sentier qui vous ramènera parmi de nouveaux points de vue, parmi de nouveaux rochers, mais des plus remarquables et des plus imposants que tout-à-l'heure encore. Vous allez tout de suite passer sur le point de vue du *Retour* pour descendre immédiatement dans la gorge du *petit Désert d'Apremont*. Vous verrez une humble fontaine, dont la source, en grande partie absorbée par les sables, laisse à peine voir son eau roussâtre. Un peu plus loin, vous descendez dans la partie la plus profonde et la plus solitaire de la gorge, pour passer ensuite près d'une roche dressée comme une pierre druidique. Cet endroit si agreste et si abrupte se nomme la gorge *Techul*. Mais bientôt ce sont encore des points de vue et des encaissements plus remarquables, principalement le *grand Belvéder des gorges d'Apremont*. Vous arriverez sur son sommet en gravissant quelques marches, et alors vous aurez à contempler

le point de vue le plus imposant de la forêt de Fontainebleau. Étant descendu de dessus les grandes roches qui
forment la base de cet admirable point de vue, continuez la
promenade quelques instants encore parmi ce beau déluge
de grès que vous allez quitter en passant dans l'*Antre Le-
fort* pour aborder le plateau. Alors le sentier devient moins
tourmenté, et un taillis de pins vous y garantira de l'ardeur
du soleil. Il vous conduira à peu près directement à la *gorge
aux Néfliers*, en traversant quelques autres chemins et en
devenant plus agréablement ombragé par dès bois indigènes.

Étant parvenu sur le vaste carrefour de la gorge aux Néfliers, vous le couperez, en laissant à droite comme à gauche trois routes, pour vous diriger par celle qui est pavée.
Suivez-la une ou deux minutes, et prenez à droite une espèce
de sentier qui pénètre sous un joli bois de hêtres, et qui bientôt vous ramènera sur le grand chemin. Ce grand chemin
va directement aboutir sur le travers d'une route, plus large
encore, que l'on appelle la *Route Ronde,* parce qu'elle contourne la partie centrale de la Forêt dans un rayon de 50
kilomètres environ. Coupez cette route pour prendre immédiatement, à droite, celle qui pénètre en serpentant légèrement sous les charmants ombrages de la *Vente aux
Charmes,* l'une des magnifiques futaies de la forêt de Fontainebleau. Parcourez cette route quinze à vingt minutes, et
vous approcherez de la ville.

Nota. — Si nous n'avons qu'en partie mentionné les numéros que vous avez aperçus pendant le cours de cette promenade, et omis tout à fait de mentionner ceux de la promenade de Franchard, c'est parce que, d'une part, le cadre
de ce petit ouvrage ne l'a guère permis, et que d'ailleurs,
ainsi que nous l'avons dit plus haut, ces deux très-grandes
promenades sont, avec quelques autres encore, l'objet d'un
itinéraire spécial, itinéraire historique et descriptif auquel
se rattachent tous ces numéros et paraissant, par livraisons,
sous le titre de *Délices de Fontainebleau.*

PROMENADE AUX GORGES DE LA SOLLE.

Développement : 10 kilomètres.

ITINÉRAIRE.

Voici une promenade bien moins longue, bien moins rude à effectuer que celle de Franchard et des gorges d'Apremont. Elle est, sinon d'un aspect aussi agreste, aussi sauvage, ni aussi grandiose, mais elle est plus suavement pittoresque et plus agréable à parcourir. Les bois, les ombrages y sont mieux, et les rochers, décorés de mousse et de coquets végétaux, y plaisent et charment davantage. Elle est délicieuse à entreprendre, n'importe à quelle heure de la journée ; mais l'après-midi est toujours préférable. Aussi est-elle la promenade de prédilection des amateurs de parties de Forêt, dont le lieu de rendez-vous est un site charmant, qu'on appelle le *Tivoli de la Solle.*

Cette très-délicieuse promenade peut, comme toutes les autres, s'effectuer par des chemins différents. Voici l'itinéraire de ceux qu'il faut préférer :

Rendez-vous tout d'abord au carrefour du Mont-Pierreux en sortant de la ville, soit par la rue de la Paroisse, soit par la rue de France, ou même par la rue des Bois, selon le quartier d'où l'on part.

Le carrefour du Mont-Pierreux est situé au pied du coteau de ce nom, à 300 mètres à l'ouest des limites de la ville. Lorsqu'on y arrive de la rue de la Paroisse, il faut le traverser, en laissant deux routes à droite, pour prendre celle qui est encaissée dans la montagne. L'ayant gravi, parcourez les ombrages du plateau, en suivant la voie la plus fréquentée jusque sur un carrefour de cinq routes. Traversez ce carrefour, en laissant une route à droite, pour descendre vers l'antique et belle futaie dite des *Fosses-Rouges,* dont l'entrée est signalée par le n° 1.

Au bas et à la sortie de cette futaie, vous couperez un carrefour de sept routes, en en laissant deux à votre gauche. Un instant après vous passerez au pied du bouquet du *Nid de l'Aigle,* signalé par le n° 2, et dont les onze tiges, s'élançant majestueusement du même tronc, forment en effet un admirable bouquet. Continuez la promenade en prenant, tout-à-l'heure, le premier chemin creux qui s'offrira à votre gauche.

Ce chemin, continuité de délicieux ombrages, et d'où vous allez dominer la vallée du Nid de l'Aigle, vous conduira tout d'abord sur le haut du plateau et à l'entrée d'un bois taillis, sous la feuillée duquel vous pénétrerez directement par une route de chasse aboutissant au carrefour des *Deux-Sœurs*, carrefour étoilé par sept routes. Vous le traverserez, en en laissant deux à votre gauche. Quelques minutes après, vous verrez une route à votre droite. Vous la prendrez, et immédiatement elle se convertira en un sentier. Deux pas encore, et vous voici au pittoresque rocher des Deux-Sœurs, dont l'entrée est signalée par le n° 3. Contemplez ce beau site et acheminez-vous vers ceux plus beaux et plus délicieux encore que tout-à-l'heure notre sentier va offrir à vos regards émerveillés. Suivez toujours, d'après nos flèches indicatives, afin d'atteindre l'ancienne route Amélie et la fontaine du Mont-Chauvet, toujours en sillonnant de ravissants points de vue, et en passant parmi de curieux rochers, et près de magnifiques arbres, entre autres le *Béranger*, hêtre le plus beau de la forêt, portant le n° 4, et le *Samson*, signalé par le n° 5.

Si dans cette charmante promenade nous nous sommes bornés à très-peu de numéros, ce n'a été que pour suppléer aux indications nécessaires à observer dans la marche à suivre ; car pour signaler par là toutes les choses remarquables, il nous eût fallu apposer une marque pour ainsi dire à chaque pas.

Ayant dépassé le colossal et rustique chêne de Samson, en suivant la route qui contourne les hauteurs de la vallée de la Solle, vous allez trouver, à votre gauche, un petit chemin descendant au pied d'un vieux chêne, en face duquel se voit la modeste fontaine du Mont-Chauvet, dont les eaux peu abondantes sont abritées par une humble et abrupte construction en grès et en terre.

Contigu à ce site, se trouvent encore de très-beaux points de vue et de belles masses de grès, notamment celles qui, lorsque vous y arrivez, se montrent à votre gauche et renferment la grotte de Paul et Victorine, grotte qui probablement doit son nom à quelque couple amoureux venu par là pour y faire sinon de la philosophie, sinon de la politique, mais bien plutôt pour se soustraire..... à quelque malencontreux orage. Le n° 6 indique à la fois l'issue conduisant à ce mystérieux abri, et la roche appelée le *Char des Fées.*

Continuons cette délicieuse promenade par le sentier qui, de la fontaine, descend assez rudement au bas du Mont-Chauvet, en passant de nouveau par une suite de curieux rochers, principalement ceux que vous allez avoir en vue, sur votre droite, et où se montrent plus volumineuses et plus imposantes les masses de grès qui forment ou qui avoisinent la grotte de la *Dame-Blanche,* dont l'entrée apparaît béante et ténébreuse.

Parvenu au bas de la gorge du Mont-Chauvet et à l'extrémité du charmant sentier que vous foulez, vous vous trouvez sur le travers d'une route de calèche et au pied d'un groupe de vieux chênes, appelés *les Trois-Frères.* C'est tout près de là, à quelques pas, sur la droite, sous les hêtres et les charmilles que l'on aperçoit, que viennent, pendant les beaux jours d'été, se récréer les citadins aisés de Fontainebleau. Cet endroit est le Tivoli de la Solle. Parmi les géants qui protégent magnifiquement ce délicieux bocage, se montrent le *Charlot,* s'élançant d'un beau groupe de rochers, le *Marie-Adèle,* hêtre charmant, et le *Gracieux,* plus remarquable encore.

Donc, étant parvenu sur cette route, en face des *Trois-Frères,* suivez-la, à gauche, en passant sous un énorme bouleau, fortement penché. Un peu plus loin, votre chemin va se diviser en deux. Prenez à droite, et l'aspect du site ne fera qu'ajouter à votre admiration. Les arbres, les rochers, les genevriers, les bruyères, tout y plaît, tout y charme.....

Quelques instants encore, et vous êtes sur un carrefour de quatre chemins. Prenez le premier, à gauche, et alors les gorges de la Solle offriront à vos regards charmés tout ce qu'elles ont de plus suavement pittoresque. Continuez votre marche dix à douze minutes de plus au milieu de cet Éden de pierres et de végétaux, et vous parviendrez à la sortie des gorges, précisément sur le carrefour des *Ventes aux Postes,* traversé par l'ancienne route des Ligueurs, route que l'on a sottement débaptisée et affublée du nom de *route à Dimps.* Coupez le carrefour, en laissant trois chemins à droite, pour vous diriger par le plus large. Parcou-

rez-le, en pénétrant sous l'antique futaie du *Gros-Fouteau,*
·et, après douze à quinze minutes de trajet sous les ombra-
·ges de cette futaie, vous prendrez, à votre gauche, non le
premier chemin que vous rencontrerez, mais le deuxième.
C'est une jolie petite route, coupant en biais le grand
chemin ; d'ailleurs nos flèches bleues vous l'indiqueront.
Cette petite route est plus que toute autre bordée et avoisi-
née de très-vieux et très-beaux chênes, dont les plus imposants, le *Jean-Bart* et le *Superbe,* sont indiqués par les
nᵒˢ 7 et 8. Cette magnifique futaie en renferme beaucoup
d'autres, et plus remarquables encore, tels que le *Rustique,*
le *Hardi,* le *Fourchu,* le *Bison,* le *Jazet,* le *Walter,* le
Chêne de Maria, mais surtout les *Trois-Hercules.*

Un instant après avoir dépassé le *Jean-Bart* et le *Superbe,*
vous aboutirez sur un chemin que vous suivrez, à droite,
pour arriver presqu'aussitôt sur le carrefour de la Butte-
aux-Airs, situé à la sortie de la futaie. Traversez directement ce carrefour, en laissant une route à votre droite et en
suivant celle qui longe un autre canton de futaie. Ayant
parcouru quelques minutes cette jolie petite route, vous rencontrerez le chêne de *Christine,* indiqué par le nᵒ 9. C'est
là, au pied de cet arbre séculaire, que l'ex-reine de Suède
est venue, dit-on, méditer l'assassinat de l'infortuné Monaldeschi.

A quelques pas plus loin, vous prendrez, à votre gauche,
un étroit sentier, appelé le sentier des *Nymphes,* pénétrant
dans un épais taillis, et qui vous conduira sur la ci-devant
route du Roi. Suivez cette route, à droite, et bientôt, en la
descendant, vous aurez plusieurs belles échappées de vue sur
Fontainebleau et sur toutes les vallées environnantes ; continuez votre marche dix minutes encore, et vous aurez ef-
fectué la très-agréable et très-délicieuse promenade de la
vallée de la Solle.

PROMENADE

AUX ROCHERS ET POINTS DE VUE DU MONT-USSY.

Développement : 10 kilomètres.

ITINÉRAIRE.

Cette promenade est digne de faire suite à celle qui précède, vu ses curieux sentiers, ses très-vieux chênes et aussi ses beaux points de vue. Mais comme elle est plus à découvert, il est bon de ne l'effectuer que le matin ou dans l'après-midi, afin d'avoir moins à souffrir de l'ardeur du soleil.

Partez de Fontainebleau par la barrière de Melun et suivez l'allée qui borde la gauche de la route. Parvenu à l'extrémité du mur, prenez le sentier qui pénètre sous les frais ombrages du bois de Notre-Dame-de-Bon-Secours, puis continuez à vous diriger dans le sens des flèches, elles vous conduiront tout d'abord au pied des rochers du Mont-Ussy, et ensuite vers le carrefour de ce nom ; mais précisons. Étant arrivé sur la route qui longe la chaîne de rochers, suivez-la, à gauche, jusque vers une réunion de chênes déjà vieux et beaux : ce sont, dit-on, les débris du bosquet *La Vallière*. Nous les avons indiqués par le n° 1.

De ce point, prenez, à droite, la belle route allant à la Croix d'Augas, par la gorge *aux Sept-Burgraves*, ainsi nommée à cause de sept arbres séculaires que l'on y remarque, principalement des hêtres. Parvenu sur un vaste carrefour, situé à peu près sur le haut des rochers, prenez la première route à votre gauche, et suivez-la dans cette direction pour arriver sur le premier des points de vue du Mont-Ussy, plate-forme d'où l'on domine parfaitement la vallée et la ville de Fontainebleau. De ce beau point de vue, continuez la promenade pour arriver bientôt sur un carrefour de cinq à six routes, que vous couperez en prenant la première à droite. Elle traverse le plateau et aboutit sur un point de vue d'un aspect tout différent, mais non moins intéressant que celui qui vient d'être vu. C'est le belvéder du Banc-Royal. De là, dirigez-vous, à gauche, par la route contournant le haut bord du plateau et d'où vous aurez encore quelques belles échappées de vue. Vous voici tout-à-l'heure sur un carrefour de six à sept chemins. Continuez, en en laissant un à votre droite, et en passant parmi les ruines d'une ancienne carrière pour rejoindre un peu plus loin la route tournante du plateau. Alors de nouveaux et très-beaux points de vue s'offrent à vos regards. Avancez toujours conformément à nos flèches, et après avoir suivi quelques centaines de pas cette large route tournante, vous la quitterez pour prendre la première qui s'offrira à votre gauche. C'est la route allant à la *Roche à Marie,* appelée aussi le *Confessionnal à Marie.* Ayant parcouru cette route dans toute la traversée du plateau et jusque sous les très-vieux chênes qui avoisinent le Confessionnal à Marie, vous prendrez, à votre gauche, le sentier de la *Veuve,* sentier passant parmi d'imposantes ruines de carrières, et allant aboutir au fameux chêne dit *le Charlemagne.* C'est là l'un des coins de la forêt de Fontainebleau le plus fréquenté par les peintres paysagistes ; c'est là où se montrent encore un certain nombre d'arbres très-remarquables et très-intéressants comme études et accessoires de tableau ; c'est là où l'on voit, outre le Charlemagne, le chêne de *Roland,* le *Bayard,* le *Jean-sans-Peur,* le *Duguesclin,* le chêne d'*Antonin,* le *Louis Dupré,* etc., etc.

De tous ces vénérables et magnifiques hôtes de nos déserts, nous n'avons cru devoir en signaler qu'un seul ; mais c'est le plus colossal : c'est le Charlemagne, doyen de tout son entourage. On le reconnaîtra par le n° 2. La circonférence de son tronc, à un mètre au-dessus du sol, est de sept mètres.

Parvenu au pied de cet arbre, prenez, à votre gauche, le chemin qui gravit la gorge, chemin qui va soudain se rétrécir et prendre le nom de sentier des Fées. Parcourez-en les mille mètres de développement et vous aurez vu et contemplé mille curiosités, mille belles choses de plus, entre autres : le chêne *Foudroyé,* le chêne de *Philippe Benoist,* le *Salvator-Rosa,* le rocher d'*Hélène,* le chêne de *Serlio,* la gorge *aux Fées* et la roche *Soucio,* le *François Ier,* l'*Antre Falloux,* le rocher d'*Agathe* et le chêne *des Fées,* le passage de la roche d'*Himely,* etc., etc. Nous nous sommes borné à numéroter huit de ces choses remarquables : le chêne de *Salvator-Rosa,* 3 ; le rocher d'*Hélène,* 4 ; la roche *Soucio,* 5 ; chêne et rocher de *François Ier,* 6 ; le rocher d'*Agathe* et le chêne *des Fées,* 7 ; passage et roche d'*Himely,* 8.

Ayant parcouru tous les singuliers et charmants détours du sentier des Fées, vous vous retrouvez sur le plateau et sur le travers d'une petite route qu'il faudra suivre à gauche, pour aborder bientôt un carrefour de cinq routes. Prenez la première à votre droite, elle vous conduira sur la deuxième plate-forme du Mont-Ussy, d'où vous jouirez encore d'une vue magnifique sur Fontainebleau. Continuez la route tournante quelques instants, pour prendre le premier sentier qui va s'offrir à votre droite. Suivez-le, en négligeant tout chemin à gauche, et vous arriverez dans la vallée *Montespan*, vallée rocheuse et également très-pittoresque. Le n° 10 vous indiquera la roche de *Maintenon*. Parvenu au bas de la vallée, vous couperez un chemin pour en prendre un qui va directement aboutir au carrefour des *Huit-Routes*. Traversez ce beau carrefour, en laissant deux routes à votre gauche, et en quelques minutes vous rentrerez en ville, soit par la rue des Bois, soit par celle de la Paroisse. En rentrant par la rue des Bois, on passe devant l'ancienne maison des *Filles-Bleues*, hospice fondé par Mme de Montespan.

PROMENADE

AUX GRANDS POINTS DE VUE DU ROCHER CASSEPOT.

Développement : 11 kilomètres.

ITINÉRAIRE.

Cette promenade, dont la circonvallation offre de très-beaux et d'immenses points de vue, a également pour point de départ la barrière de Melun. Elle n'est agréable à parcourir que dans l'après-midi, vu qu'autrement les effets de soleil y seraient très-gênants. De la barrière de Melun dirigez-vous par l'avenue qui borde la gauche de la route et continuez directement, en passant devant la modeste chapelle de Notre-Dame-de-Bon-Secours. Un peu plus loin vous verrez, à votre gauche, au pied de la montagne, un groupe de vieux chênes dont le plus colossal, signalé par le n° 1, est le *Charles-Quint*. Ici vous quitterez la grande route, pour prendre le sentier qui a son point de départ entre cette route et ce groupe de vieux chênes ; suivez-le en passant tout-à-l'heure contre le *Henri II*, chêne dont le tronc creux et vermoulu atteste au moins quatre siècles. Continuez, pour gravir bientôt la montagne et parvenir au vaste carrefour de la Croix d'Augas, en négligeant tout chemin qui s'offrirait à votre gauche. Par là, comme ailleurs, nos flèches suppléeront à nos indications écrites.

Du carrefour de la Croix d'Augas, vous prendrez, sous la lisière du bois, le sentier qui borde la gauche de la route de Melun et vous marcherez ainsi jusque vers l'extrémité du plateau, pour vous reporter ensuite de l'autre côté de la grande route, et vous diriger par le chemin qui s'en éloigne le moins. Ce chemin large, et offrant en commençant quelques échappées de vue, vous conduira incessamment au bas du rocher Cassepot, que vous gravirez en continuant cette large route. Poursuivez votre ascension et vous ne tarderez pas à vous trouver sur le sommet du rocher. De tous les immenses points de vue qui vont se succéder et se développer à vos regards, pendant votre passage sur cette montagne, nous signalons principalement à votre admiration ceux qui s'aperçoivent des n°ˢ 2, 3 et 4.

En terminant le parcours de cette esplanade, il ne faudra pas en descendre par la route, mais bien par un sentier s'offrant à votre droite et signalé par le n° 5. En vous dirigeant par ce sentier, vous remarquerez quelques belles roches, entre autres le n° 6 sur la gauche, et le n° 7 sur la droite. La première est la roche du *Belvéder de Léonie*, et l'autre le parasol au *Chasseur-Noir*.

Parvenu au bas de la montagne, vous vous trouverez sur un chemin de voiture qu'il faudra suivre à gauche : il vous conduira directement à la *Butte à Guay*, en coupant la route de Fontaine-le-Port, et passant entre une chaîne de rochers et d'assez belles demi-futaies. Mais avant de gravir la Butte à Guay, vous arriverez sur le carrefour du *Hêtre-Bois-d'hyver*. Vous le traverserez, en laissant deux routes à votre gauche et une à droite. Continuez quelques cents pas à gravir la pente assez douce de la colline, et prenez ensuite la route qui va s'offrir à votre gauche. Elle contourne les très-jolis points de vue de la Butte-à-Guay. Suivez-la toujours dans sa proximité des bords du plateau jusqu'au carrefour du Fort des Moulins, en passant par le point de vue de la fontaine *Désirée.* Du carrefour du Fort des Moulins, dirigez-vous par l'avenue du Calvaire, avenue aux pins à l'écorce dorée. Ne vous acheminez pas jusque vers la croix, parce que nous réservons son point de vue pour la promenade qui vient après celle-ci : d'ailleurs vous allez tout-à-l'heure jouir de la même vue, et mieux encore.

Donc, étant entré dans l'avenue aux pins à l'écorce jaune, vous la parcourrez jusqu'au deuxième chemin à droite. Prenez-le, et bientôt le n° 8 vous signalera une vue délicieuse sur Fontainebleau. En quittant ce point de vue, le sentier descend le haut bord du plateau et passe parmi d'imposants et magnifiques débris de grès. Là se voit une humble et abrupte loge de carrier. En sortant de ces rustiques ruines, vous prendrez le chemin à gauche; il vous conduira au bas de la montagne, en passant près le rocher *Parmentier,* portant le n° 9. Du bas de la montagne, vous ne tarderez pas à vous reconnaître et à rentrer en ville par la barrière de Melun.

PROMENADE

AU DÉBARCADÈRE DU CHEMIN DE FER.

Développement : 5 kilomètres.

ITINÉRAIRE.

Cette promenade, la moins étendue de toutes, est l'une des plus agréables et offrant des points de vue éminemment pittoresques. Il est certain que tous les voyageurs qui en auront connaissance voudront se la réserver pour leur départ de Fontainebleau. Il convient également de ne la parcourir que dans l'après-midi et de la manière qui suit (1) :

Partez de la ville par la barrière de Melun, et prenez l'avenue qui borde la droite de la route. Parvenu à quelques pas au-delà du mur, vous pénétrerez dans la forêt par un chemin dont l'entrée est indiquée par une de nos flèches.

(1) L'Itinéraire historique et descriptif de cette charmante promenade, y compris l'Itinéraire du parcours en voiture, se vend 50 centimes, chez les Libraires et chez l'Auteur, rue de France, n° 33.

Ce chemin qui, après quelques pas, se transforme en plusieurs sentiers devra être suivi plutôt à gauche qu'à droite ; il traverse le bocage du rendez-vous de la fête de Notre-Dame, ainsi que plusieurs routes, pour aller aboutir sur l'étroite allée conduisant au Calvaire.

Parvenu dans cette jolie petite route du Calvaire, suivez-la jusqu'au-delà de quatre beaux pins du Nord, pour prendre, à cinquante pas plus loin, un sentier à gauche. Ce sentier, sillonnant et gravissant la gorge nord du Calvaire, vous conduira en quelques minutes au pied de la croix, d'où vous jouirez d'un magnifique point de vue sur Fontainebleau et ses alentours.

De ce point de vue, tournez la croix, en suivant la route de calèche à droite, et, un peu plus loin, prenez encore, à droite, un chemin moins sablonneux qui bientôt, en se rétrécissant, va vous ramener sur la route de voiture. Poursuivez cette route jusqu'au-delà de son encaissement entre une double et épaisse haie de pins. Immédiatement en sortant de cet encaissement, prenez, à droite, le sentier que vous indiquent nos flèches ; il vous ramènera sur la route, après avoir offert à vos regards plusieurs beaux rochers et des points de vue ravissants. Étant rentré sur la route de calèche, suivez-la quelques pas pour reprendre, à droite, un second sentier plus intéressant et plus délicieux encore que le précédent. Ces deux fragments de mes créations pittoresques composent l'un des plus curieux et des plus agréables bouts de trajet de la forêt de Fontainebleau. Je les ai baptisés du nom de sentier de la *Reine des Bois,* à cause d'une figure en fonte bronzée naguère érigée par là.

Parmi les choses remarquables que l'on voit en parcourant ces deux jolis bouts de sentiers, et que nous avons signalées par des numéros, citons celles-ci : Le rocher des *Marsouins,* 1 ; la roche au *Puits des Écureuils* et un très-beau point de vue, 2 ; l'antre des *Mastodontes* et encore un très-beau point de vue, 3 ; la grotte au *Minotaure,* 4 ; la roche de *Cornélie,* 5 ; l'antre *N'y-entrez-pas,* 6 ; le Sarcophage de la *Reine des Bois,* 7 ; l'*Oratoire* de la Reine des Bois, 8 ; la roche du *Léviatan,* 9 ; l'antre et le passage du *Retour,* 10 ; la roche du *Diable* et très-beau point de vue, 11 ; les *Biscornues,* 12 et 13 ; rocher et grotte de *Georgine,* 14.

Un instant après avoir passé devant la grotte à Georgine vous vous retrouverez sur la belle route de calèche, route que nous devons avec beaucoup d'autres à M. Marrier de Boisd'hyver, ancien inspecteur de la forêt. Il l'avait consacrée à la reine Amélie. Suivez-la, en descendant quelques pas seulement, pour prendre à gauche, entre les roches 15 et 16, le sentier de *Délia*, sentier que nous devons à notre Conseil municipal ainsi qu'à M. Bournet qui en a dirigé les travaux. Les choses très-remarquables qu'il va offrir à vos regards déjà merveilleusement charmés, sont une suite d'admirables points de vue et les roches dont voici les numéros : le point de vue du *Levant*, 15 et 16 ; la roche *Ledieu*, 17 ; roche et grotte à *Délia*, 18 ; roche de l'*Hippopotame*, 19 ; rocher et belvéder de la *Reine des Bois*, 20. En descendant de ce rocher vous remarquerez sur sa face méridionale un bronze représentant l'image idéale de la Reine des Bois, œuvre de l'un de nos concitoyens, M. Adam Salomon, sculpteur.

Continuez la promenade en traversant la plate-forme du point de vue du Fort des Moulins et en descendant la belle route *Amélie* jusque vers le débarcadère du Chemin de Fer.

N'oublions pas de mentionner, parmi les marchands de vins traiteurs établis tout près de là, ceux qui nous ont assuré que chez eux l'on est bien traité et à des prix modérés. Ce sont : MM. LAMAIN, au *Tivoli de la Reine des Bois* ; BOUDRET, à la *Descente de l'Embarcadère*, et BRUNET, son voisin.

Aux personnes qui, au lieu de prendre le Chemin de Fer, devront continuer la promenade vers Fontainebleau, nous conseillons le trajet que voici :

Reprenez la belle route Amélie que vous remonterez quelques instants, c'est-à-dire jusqu'au premier sentier qui s'offrira à votre gauche. Dirigez-vous par là et vous aurez des bois, des ombrages, puis quelques roches encore passablement pittoresques, notamment le n° 21. Continuez le sentier à peu près directement jusque sur un carrefour où il se termine. Traversez ce carrefour en laissant tout chemin à droite et à gauche pour prendre la route de *Notre-Dame-de-Bon-Secours*. Ne la suivez pas jusque vers la chapelle, mais seulement jusqu'au sentier que nos flèches vous signaleront à votre gauche. Parvenu là, continuez quelques instants encore sous les ombrages et la promenade sera parfaitement accomplie.

PROMENADE AU ROCHER D'AVON.

Développement : 7 kilomètres.

ITINÉRAIRE.

Voici encore une promenade des moins longues et en même temps des plus intéressantes. Rochers, grottes, labyrinthe, points de vue, édifices, jardin, parc, pièces d'eau, tout y abonde, tout y plaît, tout y charme les yeux, surtout depuis la création récente des féeriques sentiers que par là aussi nous avons contribué à faire naître. Mais dans l'intérêt de la vérité, et ne voulant nullement nous attribuer le mérite d'autrui, disons que dans cette œuvre nous avons été notablement secondé par l'un de nos concitoyens, M. Bournet, ainsi que par les sympathies philanthropiques d'une autre personne, Mme Augusta Bl..., de Paris, qui a bien voulu solder la plus grande partie de ces embellissements du rocher d'Avon. Mais ceci, mais ces noms de personnes qui se sont plus ou moins voué à la forêt de Fontainebleau intéressent peu les amateurs qui viennent pour en admirer les beautés ; l'essentiel, c'est de leur donner les moyens de pouvoir les visiter facilement : revenons donc à notre itinéraire.

Cette promenade, quoique peu étendue, comparativement aux plus développées, doit être, moins que toute autre, parcourue par un temps chaud.

Partez de Fontainebleau par le Palais, c'est-à-dire par la cour des *Adieux*, la cour de la *Fontaine* et l'avenue de *Maintenon*. Étant parvenu au-delà de la grille de ce nom, traversez la grande route de Moret, pour prendre immédiatement, à votre gauche, une route de chasse qui pénètre sous les ombrages de la forêt. A peine l'aurez-vous suivie quelques instants, que vous arriverez sur un carrefour de sept routes. Franchissez ce carrefour, en laissant deux routes à votre gauche, et dirigez-vous conformément à nos flèches. Alors vous aborderez la naissance du Rocher d'Avon, et bientôt votre chemin devient moins large et moins direct ; bientôt aussi vous apparaîtront nos numéros, signalant à votre attention les choses les plus remarquables, entre autres : un premier beau groupe de grès, 1 ; autre groupe, où l'on voit la *Femme qui dort* et l'*Homme qui veille*, 2 ; Grotte et Rocher de la *Biche blanche*, 3 ; une masse de grès fendue par la foudre, 4 ; suite de rochers et de capricieux passages, formant une sorte de labyrinthe tantôt couvert, tantôt à ciel ouvert, 5, 6 et 7 ; banc et station du *Père Guimbal*, 8 ; sentier gravissant le sommet occidental du Rocher d'Avon, sommet que des personnes appellent la *Montagne de Louis VII*, 9 ; Rocher et Belvéder couronnant cette montagne, et d'où l'on jouit du point de vue le plus pittoresque de la forêt de Fontainebleau, 10 et 11 ; Sentier et Roches d'*Augusta*, 12 ; *Antre de Vulcain*, passage des plus abruptes et des plus imposants, 13 ; Grotte et Rocher de *Stéphane*, 14 ; Antre et Passage de la *Petite Thébaïde*, 15 ; *les Titans*, réunion de roches remarquables autant par leurs formes fantastiques que par leur volumineuse masse, 16 ; la Retraite du père *Dan*, sorte de cellule formée de grès imposants, 17 ; Belvéder de *Marie*, l'un des très-beaux points de vue de la Forêt, 18.

Nota. Ici deux sentiers s'offrent à votre choix : tous deux arrivent au même but, c'est-à-dire à la roche signalée par le n° 25, roche dont la forme bizarre a quelque ressemblance avec la tortue. En prenant le sentier à droite, on arrivera en peu d'instants et de plain-pied près cette roche n° 25, et l'on évitera quatre ou cinq cents mètres d'un trajet assez rude et peu commode aux personnes qui n'ont point l'habitude des excursions rustiques, mais aussi on aura à voir en moins une suite de rochers et d'antres très-imposants et très-remarquables, dont les principaux groupes sont signalés par les n°ˢ 19, 20, 21, 22, 23 et 24.

Etant parvenu au n° 25, soit par l'un ou par l'autre des deux sentiers, vous ne tarderez pas à arriver au bord d'une carrière : c'est la carrière au *sable d'or*, ainsi nommée parce que c'est la seule où le sable se trouve mélangé de paillettes imitant l'or. Continuez le sentier selon nos flèches indicatives, et vous allez vous trouver au pied de la *Dame-Jeanne*, pierre gigantesque surmontée d'un autre grès moins volumineux. De cette grande pierre marquée du n° 26, le sentier et les flèches vous conduiront en peu d'instants près la roche 27, et immédiatement sur la plate-forme du sommet central du Rocher d'Avon. Cette plate-forme, d'où l'on jouit d'un très-beau point de vue sur toutes les directions, est appelée la *Belle-Place* et la *Table des Pins*. On la nomme aussi le *Mont Louis-Philippe*, parce que ce roi en fit l'ascension dans les premiers temps de son règne.

Traversez cette plate-forme, et bientôt, en descendant vers le sud-est, vous vous retrouverez parmi d'énormes et monstrueuses masses de grès, principalement à l'endroit où se trouve le n° 28. Après avoir sillonné les antres formés par ces grandes roches et continué une ou deux minutes la promenade, le n° 29 vous signalera un nouveau et très-beau point de vue. C'est le dernier du Rocher d'Avon ; il en clot dignement l'exploration. Rentrez sur le sentier et suivez-le dans sa pittoresque courbure pour voir la fin de cette longue suite de sites charmants. En cheminant, jetez un regard sur votre droite, et vous verrez que le n° 30 vous signale encore d'assez belles roches.

Tout-à-l'heure votre chemin va se diviser en deux ; prenez à gauche, et, en peu d'instants, vous vous trouverez tout-à-fait au bas des rochers et à l'entrée d'un bois dont les ombrages et le sol uni font une agréable diversion, surtout quand on sort de parcourir et d'explorer tant de sites agrestes, tant d'âpres rochers, tant de rudes et capricieux chemins...

Donc, étant parvenu à la fin du féerique trajet du Rocher d'Avon et à l'entrée d'un beau taillis, vous traverserez un carrefour de cinq routes en continuant votre marche par celle marquée de notre signe. C'est une belle route de chasse qui traverse la route de Moret et va directement aboutir au Chemin de Fer, près le Rendez-vous de la Fête d'Avon.

Etant arrivé là, tout contre le Chemin de Fer, prenez à votre gauche la route qui pénètre sous les ombrages des arbres séculaires qui décorent le rendez-vous dont il vient d'être parlé. Continuez votre marche vers le village d'Avon, dont les maisons s'offrent à vos regards ; dirigez-vous du côté de l'Eglise, vieux et très-modeste monument que vous pourrez, si bon vous semble, visiter en passant. Son humble et rustique architecture, ses murailles épaisses et assombries par les siècles; les tombes, les débris de pierres tumulaires qui recouvrent la cendre d'illustres morts, tout cela ne peut qu'ajouter aux impressions de la promenade et vous rappeler le terrible drame qui eut pour auteur la cruelle *Christine* de Suède, et pour victime l'infortuné *Monaldeschi.*

Avon comprend parmi ses habitants un honnête et laborieux industriel, nommé *Jean Fontenelle,* qui est l'inventeur d'une machine à fabriquer les cribles métalliques. On peut entrer dans son atelier, le voir procéder à cette ingénieuse fabrication. Une quantité de médailles et de diplômes encadrés et décorant son humble demeure attestent l'utilité de son heureuse invention.

Nous ne terminerons pas l'itinéraire de cette promenade sans vous signaler aussi dans ce village, et tout près de l'Eglise, la maison de M. Leclerc, au *Tivoli d'Avon*, où vous trouverez de quoi vous rafraîchir, et, au besoin, la succulente omelette au petit salé et aux fines herbes.

Du village d'Avon l'on rentre à Fontainebleau par le parc du Palais, dont l'entrée par là est à très-peu de distance. Mais, au lieu de suivre la grande et très-belle avenue qui tout d'abord vous séduira par la beauté de ses arbres comme par ses frais ombrages, prenez à gauche pour aller gagner l'allée qui ombrage la plate-bande nord du Canal, et qui vous conduira droit au pied des anciennes Cascades et de là au Parterre, d'où vous rentrerez en ville; de cette manière vous aurez accompli parfaitement la promenade du Rocher d'Avon, et évité les émanations infectes du ruisseau qui longe la grande et belle avenue dont il vient d'être fait mention.

PROMENADE AU ROCHER DES DEMOISELLES.

Développement : 11 kilomètres.

ITINÉRAIRE.

Cette promenade, qui termine l'itinéraire de nos délicieuses excursions à pied et qui en est le parfait complément, doit aujourd'hui sa vogue à notre digne émule,

M. Bournet, qui, à l'aide de nos indications, à l'aide de nos
conseils comme de notre appui près l'Administration forestière, est parvenu à ouvrir par là un sentier des plus cu-
rieusement accidentés et qui devra être visité par quiconque aura parcouru toutes les promenades qui précèdent.
Mais une chose regrettable dans cette œuvre qui a coûté à
M. Bournet huit mois de rudes et laborieux travaux, c'est d'y
rencontrer trop visiblement, trop désagréablement, des traces de l'exploitation des grès, et aussi trop fréquemment
des inscriptions dont le choix, plus ou moins heureux, n'a-
joute pas toujours au charme de la promenade. Ces inscriptions multipliées et notre déférence pour l'auteur d'un sentier qui néanmoins nous plaît, et nous sert à compléter parfaitement la série de nos jolies tournées à pied, sont les mo-
tifs qui nous ont empêché de figurer aucun numéro dans ce
sentier ; toutefois les indications qui vont suivre et la présence de nos flèches bleues, qu'il ne faudra pas confondre
avec celles d'une autre couleur, suffiront amplement à diriger les pas du promeneur, et à lui signaler par là, comme
dans toutes nos charmantes promenades, les choses les plus
remarquables à voir.

On peut se rendre au Rocher des Demoiselles par des
chemins différents, mais il n'y a, ici comme ailleurs, qu'u-
ne seule et bonne manière d'en effectuer parfaitement la
promenade. Cette manière, nous le répétons, consiste à éviter les mauvais chemins et à se diriger dans le sens voulu
pour voir les sites sous leurs aspects les plus beaux, les
plus pittoresques, et avoir des effets de lumière, des effets
de soleil convenables, puis le plus d'ombrage possible.
Cette manière ou plutôt cette méthode a toujours été la
nôtre.

La promenade au Rocher des Demoiselles est une de celles qui ne doivent s'entreprendre que dans l'après-midi,
quelques heures avant le coucher du soleil. Partez de Fontainebleau, comme pour la promenade au Rocher d'Avon,
par la *Cour des Adieux*, la *Cour de la Fontaine,* et la Grille
de Maintenon. Parvenu au-delà de cette grille, franchissez
la route de Moret pour vous diriger immédiatement à droite
par une jolie route de chasse aboutissant au Carrefour de
la Plaine des Pins. Traversez ce carrefour en laissant deux
routes à votre gauche pour arriver presqu'aussitôt sur un

deuxième carrefour que vous couperez directement en laissant trois routes également à votre gauche. Continuez la promenade toujours parmi de jolis et délicieux ombrages.

Le chemin que vous suivez, quelque peu étroit et sinueux, va aboutir en face d'une magnifique plantation de pins du Nord décorant la montagne de Henri IV. Ici, traversez encore un carrefour en longeant à votre gauche cette belle futaie aux pins dorés, et, après quelques minutes de marche, vous allez arriver au pied du Rocher *Bouligny*. Gravissez-en la pente par un chemin un peu rude, mais se dessinant aussi coquettement que capricieusement. Parvenu à peu près sur le haut de la montagne, le n° 1 vous signalera la première des belles masses de grès que vous allez avoir à contempler en vous dirigeant toujours conformément à nos flèches bleues. Après avoir dépassé le n° 1 et suivi quelques centaines de pas le sentier très-pittoresque qui sillonne les crêtes du rocher, le n° 2 vous indiquera la *Roche du Belvéder*, ainsi nommée à cause de la délicieuse vue que vous allez avoir sur Fontainebleau en la contournant à droite.

A peine aurez-vous quitté cette roche et ce beau point de vue, puis traversé le sentier, vous verrez le n° 3, ou plutôt vous vous trouverez entre les *Roches Mazarines*, masses de grès les plus imposantes et les plus volumineuses qui se voient par là.

Continuez à suivre la direction des flèches pour descendre le versant méridional du rocher et passer tout-à-l'heure dans la Grotte à *Péjoux*, indiquée par le n° 4. En sortant de cette grotte, formée d'énormes blocs, vous en verrez quantité d'autres plus énormes et de formes plus bizarres encore. Le n° 5, à votre gauche en arrivant sur le travers d'un chemin, vous signalera une assez belle et grande roche fendue par le tonnerre.

Cheminez quelques pas encore pour quitter le Rocher *Bouligny* en passant dans un maigre bouquet de bois taillis et franchir ensuite un chemin de voiture. Ce chemin franchi, prenez à droite la belle route de chasse qui va directement aboutir au grand chemin de Recloses en coupant la route de Nemours.

Ayant traversé la route de Nemours, suivez le pavé de Recloses quelques centaines de pas, c'est-à-dire jusqu'au-delà des plantations de pins qui bordent les côtés de la route. Alors vous apercevrez, à très-peu de distance sur votre droite, un coteau hérissé de grès et ombragé par des pins plus grands. Ce coteau est le commencement du *Rocher des Demoiselles*. Poursuivez quelques pas encore pour prendre à droite, entre deux beaux trembles, un chemin qui pénètre sous les ombrages d'un taillis. Un instant après, prenez encore à droite le premier chemin qui s'offre de ce côté. Bientôt vous allez gravir la pente assez douce et peu élevée du versant méridional du Rocher des Demoiselles. En abordant le haut du rocher, vous vous trouverez sur une croisière de chemins. Prenez celui à votre gauche; l'ayant parcouru une centaine de pas, il se divisera en deux. Prenez à droite, et vous vous trouverez dans le *sentier Bournet*, dont les cent curieux détours vont offrir à vos regards étonnés une suite non interrompue de choses remarquables, parmi lesquelles nous allons vous signaler les suivantes :

Le petit Temple des Druides, rocher très-curieusement accidenté, dont l'intérieur, sorte de galerie fantastiquement architecturée, reçoit le jour par trois issues assez vastes. — De cette roche, l'une des plus remarquables de nos déserts, continuez le sentier en traversant d'abord un chemin, puis successivement deux carrefours, dont le premier, de cinq routes, sera coupé en en laissant une à votre droite, et le second en en laissant une à votre gauche. Alors vous retrouverez l'étroit et capricieux *sentier Bournet* avec les agrestes beautés que voici : Rocher et Grotte de *Salomon;* Rocher de *Blancharle*, très-belle masse de grès; Galerie sillonnant la crête méridionale du rocher, et vues délicieuses vers le nord; la *Roche volante*, masse de grès très-remarquable de forme, de volume et de position; Point de vue vers l'ouest et sur le champ de manœuvre; Passage des *deux Solitaires*, vaste fissure occasionnée par la rupture d'un énorme rocher; la *Galerie aérienne*, ou galerie sillonnant les crêtes occidentales du rocher : c'est là l'endroit le plus charmant du sentier; la *Roche béante* ou l'œil de *Polyphème :* ayant tourné cette énorme masse, son sommet nord vous montrera le portrait de l'*Homme aux souliers ferrés :* Roche et Point de vue des *Chasseurs;* la Descente des *Vingt-huit Marches* et Passage de *Frère et Sœur;* le *Repos de Laure;* Rocher Louis XV, grès assez pittoresquement groupés et décorés d'un chêne ; la *Girafe*, roche singulièrement élancée et la plus haute du canton ; l'*Antre de la Salamandre*, passage abrupte où l'on ne pénètre qu'en se baissant; suite de plusieurs autres passages ; la *Caverne au Serpent*, roche concave dans laquelle j'ai tué une énorme couleuvre ; *Oasis des deux Sophies*, très-jolis petits sites que l'auteur du sentier a consacrés à son épouse et à sa fille ; la *Roche Niobé*, ainsi nommée parce qu'elle pleure longtemps encore après qu'il a plu ; l'*Antre du Festin*, ou la Table des *Demoiselles*, roches saillantes et formant un abri ayant vue sur l'intérieur de la gorge : ayant visité cet antre, revenez prendre le sentier et continuez la promenade par le Passage à la *Biche*, pour arriver à la *Galerie du Nord*, où se trouve la *Loge des Carriers*, et plus loin la Grotte aux *Demoiselles*; avant de descendre dans cette grotte, arrivez sur le sommet de la roche qui l'abrite : là vous jouirez du plus beau point de vue de la promenade.

Ayant contemplé ce vaste point de vue, descendez dans la grotte et traversez son abrupte intérieur, pour descendre immédiatement une pente un peu raide et aborder sur un chemin de voitures. Ici, prenez à droite, et en un instant vous passerez sur un carrefour de six routes, en en laissant une à votre gauche. Poursuivez directement, et, après dix à douze minutes de marche parmi les pins de la *Chaise à l'Abbé*, vous arriverez à la pointe du *Petit Bouligny* en coupant le pavé de Bourron. Ayant parcouru le pittoresque chemin qui du pavé pénètre dans la pointe du bois et va sillonner les derniers rochers de la promenade, vous vous trouverez sur un carrefour de cinq routes, à l'entrée de la partie occidentale de la délicieuse Plaine des Pins. Traversez le carrefour en laissant une route à droite pour prendre une étroite allée dont les pins à l'écorce dorée vont devenir et plus fréquents et plus beaux, surtout lorsque vous parviendrez sur un point où viennent converger d'autres allées plus vastes et également bordées de ces arbres du Nord. Continuez parmi ces charmants ombrages en suivant la route la moins large, et qui tout-à-l'heure va se transformer en un étroit sentier qu'on appelle le *chemin des Charbonniers*. Encore quelques instants, et bientôt une teinte blanchâtre vous apparaîtra à l'extrémité de votre chemin redevenu moins étroit et plus direct. Cette teinte blanchâtre vous annonce que vous allez aboutir à la barrière de l'Obélisque, terme de votre huitième et dernière promenade à pied.

Aux personnes qui désireraient plus de détails sur la promenade dont nous venons d'esquisser l'itinéraire, nous indiquons un petit livre ayant pour titre : *Une Promenade philosophique et sentimentale au sentier Bournet, dans la Forêt de Fontainebleau,* par M. Charon, et en vente chez M. Brochot, relieur, rue de la Paroisse, en face l'Eglise, prix : 1 fr. 25.

PROMENADE AU ROCHER MONT-AIGU.

Développement : 7 kilomètres.

ITINÉRAIRE.

Aux huit charmantes promenades, dont nous venons de tracer l'itinéraire, nous avons cru devoir ajouter celui d'une simple excursion au Rocher Mont-Aigu. Et, en effet, cette montagne de forme conique, avec ses imposantes masses de grès et ses ravissants points de vue, mérite bien un bout de pèlerinage, surtout depuis que nous avons ouvert et fait serpenter par là, aussi, plusieurs kilomètres de jolis sentiers.

Néanmoins cette promenade, l'une des plus rapprochées de la ville et devenue on ne peut plus agréable à parcourir, n'en demeurera pas moins, ainsi que toutes ses charmantes sœurs, à peu près ignorée non-seulement du plus grand nombre des voyageurs qui viennent pour visiter les sites de notre Forêt, mais des habitants de Fontainebleau eux-mêmes, qui ne la connaissent et ne la parcourent guère que par les chemins les plus sablonneux, les moins ombragés et les plus monotones. Cela tient à la routine, à l'indifférence, à l'imprévoyance, et aussi beaucoup à la suffisance que nous avons de nous-mêmes. « Ah bah ! un Guide, une Carte, à quoi bon ? je n'en ai que faire ! » Et on va, on court au hasard nos bois, nos déserts, sinon dans ce qu'ils ont de plus attrayant et de plus remarquable, mais souvent dans leurs moindres beautés, puis l'on s'en retourne avec deux choses : la croyance d'avoir bien vu, bien visité la Forêt, et une idée très-imparfaite de ce qu'elle est. Mais laissons le plus grand nombre se fourvoyer, et continuons à tracer nos instructions pour les personnes qui tiennent réellement à ne pas faire infructueusement le voyage de Fontainebleau.

Notre délicieuse promenade au Rocher Mont-Aigu s'effectue, comme celle de Franchard, en partant par la barrière de la Fourche. Parvenu là, deux grandes routes s'offrent en vue : la principale, à droite, est celle de Paris, et, à gauche, celle de Fleury. Il faudra vous diriger par celle-ci, ou plutôt par le sentier qui en longe, sous bois, le côté gauche, et dont l'entrée est signalée, ainsi que nous l'avons déjà dit, par une de nos flèches bleues, peinte sur l'écorce d'un orme.

Suivez ce sentier l'espace d'un kilomètre, c'est-à-dire jusqu'au deuxième carrefour ou croisement de chemins. Ici, vous laissez deux routes à votre gauche pour gravir le mont Fessas par un sentier qui se dessine légèrement sous les ombrages d'une jeune et claire futaie dont les arbres abritent un bois bien plus jeune encore. Continuez à gravir, et bientôt vous arriverez sur le plateau et sur un carrefour que vous traverserez en laissant une route à votre gauche. Quelques instants après, vous parviendrez, toujours en parcourant de délicieux ombrages, sur un autre carrefour que vous franchirez en laissant trois routes à votre droite et une à votre gauche pour retrouver notre étroit et sinueux sentier, dont l'entrée, de ce côté, n'est point pourvue de notre signe indicateur, afin de ne point embarrasser ceux de nos lecteurs qui entreprennent la promenade à l'ermitage de Franchard.

Donc, ayant traversé ce carrefour et retrouvé notre sentier, il vous conduira immédiatement sur le bord méridional du plateau, que vous descendrez en coupant une route et en débouchant bientôt sur une cavalière qui vous conduira directement au pied du mont Aigu, sur un carrefour entouré de pins du Nord à l'écorce jaune. Coupez ce carrefour en laissant deux routes à votre droite pour tourner la base de la montagne jusque vers une rotonde étoilée par sept routes pittoresquement ombragées. Ici, prenez la première à votre gauche et suivez-la conformément à nos flèches. Elle vous conduira, en contournant les flancs du mont Aigu, sur son sommet d'où vous jouirez de magnifiques points de vue dans toutes les directions.

Après cette ravissante ascension, nos flèches vous ramèront au bas des rochers, toujours par de jolis sentiers bien coquets, bien tourmentés. Mais ceux-ci ne nous doivent rien, à nous, que les flèches qui les indiquent.

Continuez en coupant la route de calèche et vous allez vous retrouver dans notre bien, c'est-à-dire dans le sentier qui, du pied du mont Aigu, vous ramènera vers Fontainebleau par le bois taillis qui ombrage le versant méridional du mont Fessas.

PROMENADES PITTORESQUES

LES PLUS INTÉRESSANTES A PARCOURIR EN VOITURE.

Nota. — Si, à l'égard des promenades en voiture, la marche à suivre n'est pas indiquée avec autant de détails que pour les promenades à pied, c'est parce que les routes de la Forêt étant sujettes à d'horribles dégradations par suite de l'enlèvement des bois et des grès, il arrive que les cochers d'équipages de promenades sont souvent obligés, pour parvenir à nos sites, de dévier plus ou moins de la direction qui devrait être ordinairement suivie, et, qu'en conséquence, vouloir leur tracer leur chemin d'une manière détaillée et absolue, ce serait non-seulement une chose inutile mais embarrassante. Le mieux à faire en ceci, c'est d'indiquer sommairement par chaque promenade toutes les principales choses à visiter, bien certain que tout conducteur adroit et connaissant la Forêt trouvera toujours le moyen d'arriver à bien.

A cet effet, nous avons d'abord distribué tous les sites les plus remarquables de la Forêt en quatre tournées d'une moyenne journée chacune. Ensuite, pour les personnes qui n'auraient qu'une journée à consacrer à nos beautés pittoresques, nous indiquons la tournée aux cent points de vue. Puis enfin, aux voyageurs qui n'ont guère à dépenser que quatre à cinq heures, nous résumons en une promenade d'une demi-journée les plus belles choses à voir dans la

Forêt. Mais, pour compléter autant que possible notre itinéraire, nous y avons ajouté trois promenades partant de
Melun.

LA FORÊT DE FONTAINEBLEAU,

En quatre Promenades d'une journée chacune.

PREMIÈRE JOURNÉE.

Section de Franchard et des Gorges d'Apremont.

ITINÉRAIRE.

Barrière de la Fourche. — Carrefour du Cèdre des Ventes de Franchard. — Belvéder de la gorge aux Merisiers.
— Rochers et points de vue des Hautes-Plaines. — Ruines
du monastère de Franchard. Ici on mettra pied à terre
pour aller visiter les gorges par la Roche qui Pleure et le
sentier des Druides. *Voir*, à cet effet, page 28, l'itinéraire
de ce féerique et charmant sentier.

Etant remonté en voiture, le cocher vous conduira sur
les hauteurs du vallon des gorges d'Apremont, et côtoiera
le plateau des Monts Girard jusqu'au dernier beau point de
vue, c'est-à-dire jusqu'à la jonction de la route qui du carrefour de la Gorge aux Néfliers correspond à celui des Gorges d'Apremont. Arrivé sur cette route, mettez de nouveau
pied à terre pour descendre aux gorges et en explorer les
plus belles choses, notamment le vallon des Peintres, et revenir par le sentier qui part du chêne de Henri IV. *Voir*,
page 35, l'itinéraire de la promenade à pied.

De son côté, le cocher se rendra au carrefour de la Gorge
aux Néfliers, où il vous attendra.

De la gorge aux Néfliers on se dirigera vers Fontainebleau par les délicieux ombrages de la Vente aux Charmes
et le chemin de Fleury.

DEUXIÈME JOURNÉE.

Section des Monts de Fays et du Calvaire.

ITINÉRAIRE.

Barrière de la Fourche. — Ombrages de la Fosse à Râteau. — La Tillaie, vieille et majestueuse futaie par le Bouquet du Roi. — Belvéder du Clair-Bois. — Route tournante et points de vue du mont Saint-Père. — Platières de Belle-Croix et roche aux Cristaux. — Mare à Piat. — Futaie et points de vue des Monts de Fays. — Carrefour de Belle-Vue et suite des frais et délicieux ombrages de la route tournante. — Table du Grand-Maître. — Jolie route et échappée de vue des monts de Truys. — Descente du mont Saint-Germain. — Vallée et gorges de la Solle. — Carrefour des Ventes aux *Postes*. — Rocher des *Deux-Sœurs*. Ici on mettra pied à terre pour visiter ce rocher et en parcourir le délicieux sentier. Le cocher ira attendre ses voyageurs à la sortie du sentier, à cent pas du carrefour des *Deux-Sœurs*. Ensuite il faudra continuer la promenade en parcourant les hauteurs de la vallée de la Solle par la ci-devant route Amélie, route qui offre une suite de charmants points de vue, et qui, jusque vers la fontaine du Mont-Chauvet, est jalonnée par des chênes et des hêtres très-vieux et très-remarquables. Suite de cette belle route jusqu'au pavé de Melun. Descente vers le rocher Cassepot, et ascension à l'esplanade de ce rocher, d'où l'on jouit d'admirables et immenses points de vue. Route tournante et délicieux points de vue de la Butte-à-Guay. Plate-forme et points de vue de la fontaine *Désirée*. Rocher et points de vue du Fort des Moulins. Ici, on mettra pied à terre pour parcourir les sentiers de *Némorosa* et de *Délia*. Voir, page 47, l'itinéraire de ces sentiers. Le cocher ira attendre sur la plate-forme du point de vue de la reine Amélie.

Etant remonté en voiture, il faudra, si l'on a encore une heure à ajouter à la promenade, la continuer en retournant quelques instants sur ses pas pour parcourir les très-belles choses ci-après : Le point de vue du Calvaire ; les points de vue du Mont Ussy par le carrefour de la Croix d'Augas ; les ombrages de la magnifique futaie du Gros-Fouteau, et retour à Fontainebleau par l'ancienne route du Roi.

Cette promenade est certainement la plus pittoresque et la plus agréable des quatre dont elle fait partie.

TROISIÈME JOURNÉE.

Section de la Gorge aux Loups.

ITINÉRAIRE.

Barrière de l'Obélisque. — Rocher Bouligny, par les routes délicieusement ombragées de la plaine des Pins. Etant parvenu au pied de ce rocher, il faudra quitter la voiture pour le parcourir à pied par le sentier très-pittoresque qui en sillonne les crètes. Le cocher se dirigera vers la route de Nemours qu'il suivra à gauche, quelques instants, pour venir attendre son monde précisément à la pointe dudit rocher Bouligny. Etant remonté en voiture, on quittera le pavé en prenant immédiatement à droite une belle route de chasse allant aboutir au bas du rocher des Demoiselles. Ici on descendra de nouveau de la voiture pour aller à pied visiter les sites de ce rocher par l'intéressant *sentier Bournet*. Tandis qu'on en parcourra tous les curieux détours, l'équipage restera en place, et les visiteurs, en terminant cette excursion d'une heure environ, rentreront sur le chemin de calèche, à très-peu de distance et en vue de la voiture.

De là on se dirigera vers la gorge aux Loups par les magnifiques restes de l'antique futaie des Erables et Déluge, puis par le plateau de la Cave aux Brigands et par le beau carrefour des Forts de Marlotte. Mais, auparavant de descendre dans cette gorge, l'on viendra faire halte près la mare aux Fées, sous les arbres séculaires qui en ombragent les abords, et d'où l'on a de très-jolis points de vue. Là se trouvent le chêne de Molière, l'arbre Oranger, le chêne de *Marie-Antoinette,* et d'autres encore très-remarquables. En quittant cette plate-forme escarpée et très-pittoresque on descendra à la gorge aux Loups, sites non moins délicieux, surtout l'entrée par le chemin du rocher aux Fées, et la sortie par le *rocher Bébée*. Là se montrent, fiers et superbes, le chêne d'*Augusta* et le *Bonnameaux* s'élançant plus majestueusement encore.

De la gorge aux Loups on se rendra vers le Haut-Mont et la Malmontagne pour admirer, par là aussi, de charmants points de vue, et, de plus, une masse de grès des plus remarquables que l'on nomme la *Roche cristallisée*. Du Haut-Mont dirigez-vous vers le Rocher d'Avon par la fontaine d'Episy. Parvenu sur la route qui parcourt le bas du versant nord de cette longue chaîne du rocher d'Avon, il faudra la suivre jusque sur un carrefour où se montrent nos flèches indicatives. Ici vous mettrez encore une fois pied à terre pour prendre le deuxième chemin sur votre gauche, chemin qui, en gravissant la montagne, va devenir et plus étroit et plus capricieusement tourmenté. Suivez-le dans tous ses curieux détours, tantôt sur les crêtes les plus élevées, tantôt enseveli dans des gorges profondes, mais toujours parmi des rochers et des points de vue très-remarquables, très-pittoresques, puis des grottes, des antres d'un aspect tout à fait imposant.

Parvenu à l'extrémité de la chaîne du rocher d'Avon, précisément sur la large et belle avenue du Mail de Henri IV, vous retrouverez votre équipage, qui, pour arriver là, n'aura eu qu'à suivre directement la route le long du rocher.

Inutile de vous en dire davantage pour l'accomplissement de cette grande et belle promenade qui se termine en rentrant en ville par la barrière de l'Obélisque.

QUATRIÈME JOURNÉE.

Section de Moret et Thomery.

ITINÉRAIRE.

Cette quatrième journée est destinée tout à la fois à explorer la Forêt et ses plus curieux alentours. Et, en effet, Moret et Thomery ne peuvent qu'ajouter à l'intérêt qu'offrent nos sites pittoresques, Moret surtout, avec ses vieux ponts, ses vieilles murailles, tous ses débris de châteaux forts, et mieux encore sa grande et magnifique église, construite du temps de la reine *Blanche*.

Une chose, également admirable par là, c'est le gigantesque viaduc qui traverse la pittoresque vallée à l'endroit où le Loing vient mêler ses eaux à celles de la Seine.

On peut se rendre de Fontainebleau à Moret, en passant constamment sous les frais ombrages de la Forêt, soit à droite, soit à gauche de la grande route. Il n'est pas de cocher un peu au fait qui ne sache cela et qui ne puisse vous éviter le monotone et désagréable trajet qu'offre le pavé.

De Moret on se dirige vers le hameau de Veneux-Nadon, où l'on passe au-dessus du Chemin de Fer de Lyon, pour arriver au hameau plus riant de *Bi*. De là, vous descendez à Thomery, bourgade joliment située sur les bords de la Seine, en face le Mont-Mélian et le château des Pressoirs, bâti par François 1er.

Thomery est le pays qui produit en grand ce fameux raisin doré connu sous le nom de *chasselas de Fontainebleau*. Mais, chose étrange, ce n'est pas là qu'il faut aller l'acheter pour l'avoir à bon marché ; car il se paie moins cher et tout aussi beau chez les fruitiers de Paris. Cela tient à ce que les producteurs vendent en gros leurs récoltes et que le plus beau leur sert à parer leurs paniers. C'est donc à Fontainebleau qu'on peut trouver à des prix doux les premières qualités de chasselas, parce qu'ici on l'y apporte de tous les environs et de Thomery même.

De Thomery la promenade se continue en suivant les rives de la Seine jusque vers le château de la *Rivière*, pour gravir ensuite la côte d'Effondré et se rendre au pont de Valvins par les ombrages et les échappées de vue du bois Gauthier.

Du pont de Valvins on arrive sur les hauteurs de la Madeleine pour se diriger vers le débarcadère du Chemin de Fer par la lisière escarpée de la futaie, lisière délicieusement ombragée et offrant de jolies échappées de vue sur la vallée de la Seine et ensuite sur la riante villa de *Belle-Fontaine*.

Du débarcadère à Fontainebleau, le trajet le plus agréable, c'est de passer par les ombrages des bois situés au bas des rochers du Fort des Moulins et du Calvaire.

LA GRANDE JOURNÉE PITTORESQUE

ou

LA PROMENADE AUX CENT POINTS DE VUE.

ITINÉRAIRE.

Barrière de la Fourche.—Gorges de Franchard. Ici on mettra pied à terre pour parcourir et voir les mille curieux accidents du sentier des Druides. *Voir*, page 28, l'itinéraire de ce sentier.

Étant remonté en voiture on continuera la promenade par les endroits ci-après :

Futaie du *Chêne Brûlé ;* ombrages du Puits-au-Géant ; haute futaie de la Tillaie ; route tournante et point de vue du mont Saint-Père ; platières de Belle-Croix et roche aux Cristaux ; marc à Piat ; haute futaie et points de vue des Monts de Fays ; carrefour de Belle-Vue et suite des charmants ombrages du haut bord du plateau ; Table du Grand-Maître ; rocher Saint-Germain ; vallée et gorges de la Solle ; rocher des Deux-Sœurs. Ici on mettra pied à terre pour visiter ce site et en parcourir le délicieux sentier. *Voir*, page 38.

Étant remonté en voiture, continuez la marche ainsi : routes contournant le haut bord du plateau jusqu'au pavé de Melun en passant par les points de vues et la fontaine du Mont-Chauvet ; plateau et ombrages de la Béhourdière ; route tournante et points de vue de la Butte-à-Guay, plate-forme et point de vue de la fontaine Désirée ; point de vue du Calvaire ; rochers et points de vue du Fort des Moulins. Ici on mettra de nouveau pied à terre pour parcourir les sentiers de *Némorosa* et de *Délia*. Voir, page 47, l'itinéraire de ces charmants sentiers.

Étant remonté en voiture, il ne faudra pas continuer la promenade en descendant la route *Amélie,* mais bien retourner quelques pas en arrière pour vous diriger par les endroits ci-après :

Carrefour du Fort des Moulins ; Croix d'Augas ; points de vue du rocher Mont-Ussy ; traversée de la vieille et magnifique futaie du Gros-Fouteau, et retour en ville par la route et les points de vue de la Butte-aux-Aires.

LES DÉLICES DE LA FORÊT DE FONTAINEBLEAU

Résumées en cinq à six heures de promenade.

ITINÉRAIRE.

Barrière de la Fourche. — Ruine et gorges de Franchard. Ici on mettra pied à terre pour aller visiter les gorges par la Roche qui Pleure et ensuite le sentier des Druides. Voir, page 28, l'itinéraire de ce féerique sentier.

Étant remonté en voiture, on continuera la promenade ainsi qu'il suit : Bocages et ombrages du Puits-au-Géant ; haute et très-vieille futaie de la *Tillaie ;* rocher des *Deux-Sœurs.* Ici on mettra de nouveau pied à terre pour parcourir le plus délicieux sentier de la Forêt.

Étant remonté en équipage, on se dirigera par la gracieuse route Amélie, en passant par la fontaine du Mont-Chauvet et tous les points remarquables ci-après : Suite des points de vue qu'offrent les hauteurs de la Solle ; ombrages du plateau de la Béhourdière ; route tournante et points de vue de la Butte-à-Guay ; plate-forme et point de vue de la Fontaine Désirée ; point de vue du Calvaire ; rochers et points de vue du Fort des Moulins. Ici on descendra encore de voiture pour parcourir les très-curieux sentiers de *Némorosa* et de *Délia.*

Ayant rejoint l'équipage sur la vaste plate-forme du rocher, il faudra remonter la belle route Amélie quelques instants pour rentrer en ville par les endroits suivants : le carrefour de la Croix d'Augas ; les points de vue du rocher Mont-Ussy ; la traversée de la haute et très-vieille futaie du Gros-Fouteau ; la route et les points de vue de la Butte-aux-Aires.

LA TRÈS-JOLIE PROMENADE DE FONTAINEBLEAU

AU DÉBARCADÈRE DU CHEMIN DE FER.

Trajet en deux heures.

Si la promenade que nous avons décrite dans cette direction pour les personnes à pied est très-agréable à effectuer, celle-ci l'est encore davantage ; car elle comprend sans contredit le plus beau coin de la forêt de Fontainebleau : tout y est délicieusement pittoresque. C'est la véritable promenade d'adieu.

ITINÉRAIRE.

Carrefour du Mont-Pierreux, soit par la rue de la Paroisse, soit par la rue de France ou même par la rue des Bois, selon le quartier d'où l'on part. — Du carrefour du Mont-Pierreux on se dirigera par la haute futaie du Gros-Fouteau ; le rocher des Deux-Sœurs, où l'on mettra pied à terre pour en visiter les sites et parcourir le délicieux sentier ; la fontaine du Mont-Chauvet et tous les points de vue sur la Solle ; les ombrages du plateau de la Béhourdière ; la route tournante et les points de vue de la Butte-à-Guay ; le belvéder de la Fontaine *Désirée;* le point de vue du Calvaire ; les rochers et points de vue plus délicieux du Fort des Moulins, où l'on mettra, de nouveau, pied à terre pour parcourir les charmants sentiers de *Némorosa* et de *Délia:* de cette belle esplanade de rochers et de ravissants points de vue, l'on descendra vers le Débarcadère par la belle route *Amélie.*

* * *

PROMENADES PARTANT DE MELUN.

La ville de Melun est si peu éloignée de la forêt de Fontainebleau, qu'il nous a paru rationnel de ne pas clore l'itinéraire de nos promenades en voiture, sans en consacrer quelques-unes à ses bons habitants comme aux curieux voyageurs qui viennent séjourner dans ses murs. Il est vrai que ces promenades, au nombre de trois, ont toutes le même point de départ et le même commencement de trajet de cinq kilomètres qu'il faut parcourir également en rentrant, c'est-à-dire le trajet entre Melun et la Table du Roi ; toutefois ce léger désagrément peut aisément et amplement se compenser par le développement principal de chaque promenade. Commençons par la moins étendue ; mais disons qu'à l'égard de celles-ci, comme pour toutes nos autres tournées en voiture, il est indispensable de connaître la Forêt ou tout au moins d'être muni de la carte.

PREMIÈRE PROMENADE PARTANT DE MELUN.

Aller et retour : 25 kilomètres.

ITINÉRAIRE.

On se rendra tout d'abord à la Table du Roi par la route de Fontainebleau, que l'on parcourra jusqu'au-delà de la Rochette, pour prendre à gauche les jolies routes de chasse du *Bois Coulan*, si toutefois l'Administration forestière veut bien, comme nous l'espérons, les entretenir en bon état.

Parvenu à la Table du Roi, c'est-à-dire sur le carrefour où jadis se voyait une énorme table en grès entourée de bancs de même matière, vous verrez tout près de là une humble maison protégée d'un mur de clôture ; c'est à la fois l'habitation d'un garde-chef et un poste destiné aux gendarmes forestiers.

Du carrefour de la Table du Roi, dirigez-vous vers la mare aux Evées, en prenant, à droite de la grande route, le deuxième chemin qui est une route de chasse, et en moins de dix minutes vous arriverez sous les ombrages des bois séculaires qui entourent cette mare. Lorsque vous en aurez parcouru les bords et vu le bassin principal, vous irez au carrefour de Belle-Vue en passant sous d'autres belles futaies et par les sites pittoresques du rocher Canon.

Du carrefour de Belle-Vue on se rendra au belvéder du Camp de Chailly, l'un des points de vue les plus vastes et les plus admirables de la forêt de Fontainebleau, mais que, malheureusement, on laisse détruire par les carriers : déjà on ne peut plus l'aborder qu'en partie : la belle grotte qui se voyait tout près de là, et qui, en cas de surprise de mauvais temps, pouvait servir d'abri, n'existe plus !

Du belvéder du Camp de Chailly, rendez-vous au point de vue de la Table du Grand-Maître en passant sous les ombrages de la superbe futaie des Monts de Fays et sous ceux non moins délicieux de la route côtoyant le haut bord des Longues-Vallées.

La Table du Grand-Maître, plus épargnée que celle du Roi, existe encore ainsi que les rustiques bancs qui l'entourent.

De cet endroit, pour revenir vers Melun, vous n'aurez qu'à

descendre la côte et continuer à suivre la route ronde qui vous ramènera directement au carrefour de la Table du Roi ; le reste vous est connu.

DEUXIÈME PROMENADE PARTANT DE MELUN.

Aller et retour : 30 kilomètres.

ITINÉRAIRE (1).

Pour cette promenade, comme pour celle qui précède, dirigez-vous vers le carrefour de Belle-Vue, par la Table du Roi, la mare aux Evées et le rocher Canon.

Du carrefour de Belle-Vue, transportez-vous à la Table du Grand-Maître par la route côtoyant les bords ombragés du plateau ;

De la Table du Grand-Maître au rendez-vous de la Vallée de la Solle, par la jolie route des Monts de Truys et les platières de Belle-Croix ;

De la vallée de la Solle au Rocher des Deux Sœurs par les gorges de la Solle et les Ventes aux Postes.

Parvenu près le rocher des Deux-Sœurs, on mettra pied à terre pour visiter ce site et en parcourir le délicieux sentier, à l'extrémité duquel votre équipage vous rejoindra pour continuer la promenade par les endroits suivants : Fontaine et point de vue du Mont-Chauvet ; suite de la route côtoyant les hauteurs de la Solle et tous ses charmants points de vue ; ascension au grand belvéder du Rocher Cassepot ; carrefour de l'Obélisque de la Croix de Toulouse ; ombrages des Écouettes et de la plaine Saint-Louis ; Ventes Bouchard ; Croix de Vitry ; Table du Roi, et retour à Melun.

TROISIÈME PROMENADE PARTANT DE MELUN.

Aller et retour : 45 kilomètres.

ITINÉRAIRE.

Cette promenade, qui nécessite l'emploi d'une belle et grande journée ainsi que de bons chevaux, devra s'entre-

---

(1) L'endroit de cette promenade qui convient le mieux pour déjeuner et abreuver les chevaux, c'est la mare à Piat, près le chêne de Napoléon, à 400 mètres au couchant de la Belle-Croix.

prendre en commençant comme pour les deux premières; mais afin d'éviter toute méprise, précisons nos indications:

De Melun à la Table du Roi, soit par la grande route, soit par les ombrages du Bois Coulan ;

De la Table du Roi au carrefour de Belle-Vue par la mare aux Évées et le rocher Canon ;

Du carrefour de Belle-Vue à la Table du Grand-Maître par les ombrages de la route côtoyant les hauts bords du plateau ;

De la Table du Grand-Maître à la Belle-Croix par la route tournante des Monts de Truys et la Roche aux Cristaux, que l'on visitera à pied ;

De la Belle-Croix au désert des Gorges d'Apremont par les points de vue du Mont Saint-Père, et le belvéder de Clair-Bois ;

Du désert des Gorges d'Apremont aux ruines du monastère de Franchard par la Gorge du Grand-Terrier, les hauteurs et point de vue du vallon des Gorges d'Apremont, les monts Girard et le Bas Fourneau David. A Franchard vous trouverez à dîner confortablement et pas trop chèrement, puis le nécessaire aux chevaux, si toutefois le ministre des travaux publics veut bien comprendre l'utilité de l'établissement dont la demande vient de lui être soumise par MM. Lapotaire frères.

Après avoir visité les gorges de Franchard par l'incomparable et féerique sentier des Druides, vous remontez en voiture pour continuer votre grande et belle promenade ainsi qu'il suit :

Futaie du Chêne-Brûlé ; bocages du Puits-au-Géant ; la Tillaie et Bouquet du Roi ; rocher des Deux-Sœurs et son délicieux sentier ; route côtoyant les hauteurs de la Solle et tous ses charmants points de vue, sans oublier de visiter les abords de la fontaine du Mont-Chauvet ; le Calvaire ; le rocher du Fort des Moulins, où l'on mettra pied à terre de nouveau pour en parcourir les remarquables sentiers et admirer de magnifiques panoramas. Du rocher du Fort des Moulins, retournez sur vos pas jusqu'au carrefour de ce nom, pour vous diriger vers Melun par le belvéder de la Fontaine Désirée, les points de vue de la Butte-à-Guay, les ombrages des Écouettes et de la plaine de Saint-Louis, les Ventes Bouchard, la Croix de Vitry et la Table du Roi.

SITES LES PLUS RECHERCHÉS

DES PEINTRES.

Autrefois, pour indiquer dans la forêt de Fontainebleau les endroits dignes du pinceau des peintres, il eut fallu un volume tout entier : aujourd'hui, hélas ! quelques lignes pourraient suffire, car c'est à peine si, de toutes les agrestes et curieuses chaînes de rochers qui sillonnaient de toutes parts les *chers déserts* de saint Louis, de François Ier et de Henri IV, nous retrouvons intacts quelques-uns de ces admirables pêles-mêles de grès si merveilleusement superposés par le déluge ! c'est à peine si nous rencontrons çà et là quelques-uns de ces arbres géants, de ces chênes dix fois séculaires plantés par la main de Dieu !...

S'il en est ainsi, c'est parce que, d'une part, l'extraction mal entendue des grès a mutilé et ravagé à peu près partout les rochers de la Forêt, et que, d'autre part, les coupes exagérées ont horriblement décimé nos vénérables futaies, nos bois sacrés !...

Oui, l'on a tellement ravagé les sites pittoresques de la forêt de Fontainebleau, surtout sous l'Empire et sous Louis-Philippe, que c'est à peine si l'on retrouve le cachet primitif de cette nature si variée et si coquette qui en faisait le plus beau coin de la France...

Cependant, malgré tout, cette forêt est encore aujourd'hui la plus belle parmi les plus belles, et restera long-temps sans rivale. Puisse ceux de ses beaux sites, jusqu'ici échappés à la cognée administrative ainsi qu'au fer des carriers, être respectés et protégés ! puisse les chemins délicieux, les féeriques sentiers qui y conduisent être entretenus, surtout lorsqu'il en coûte si peu ! puisse l'Administration actuelle s'associer à nos sympathies pittoresques et nous prêter son concours comme l'a fait sa devancière en faveur de ces belles choses, en faveur de ces sites charmants qui nous restent, et que notre initiative a si heureusement contribué à rendre accessibles et visitables !

Mais espérons que l'on n'oubliera pas que la forêt de Fontainebleau, ce jardin des peintres, ce magnifique séjour de plaisance, ne doit pas être considérée seulement sous le rapport des produits, mais aussi comme forêt d'agrément national et rendez-vous des artistes et des curieux voyageurs de tous les pays, surtout actuellement que Fontainebleau n'est plus qu'à une heure de Paris et qu'il en est devenu l'Éden le plus délicieux.

Oui, espérons qu'on n'oubliera pas qu'à ces titres, qu'à ces considérations, la forêt de Fontainebleau mérite certes bien la sollicitude non pas seulement de l'Administration, non pas seulement de l'État, mais de tout ce qui a le sentiment de l'art et du beau, de l'utile et de l'agréable...

Venons enfin à l'indication des endroits encore dignes du pinceau des peintres paysagistes.

ARBRES SÉCULAIRES LES PLUS REMARQUABLES.

A la Tillaie et Ventes aux Charmes : vingt-quatre chênes et trois hêtres.

Aux Gorges d'Apremont (vallon des Peintres) : quinze chênes et trois hêtres.

Au Bas-Bréau : vingt-cinq chênes et quatre hêtres.

A la Belle-Croix et Mare à Piat : sept chênes.

A la Mare aux Évées : huit chênes et deux hêtres.

A la Vallée de la Solle et Mont-Chauvet : dix-huit chênes et sept hêtres.

Au Mont-Ussy et Nid de l'Aigle : vingt-huit chênes et six hêtres.

Au Gros-Fouteau et Ventes aux Postes : vingt-quatre chênes et deux hêtres.

A la Gorge aux Loups et aux Forts de Marlotte : dix-huit chênes, trois charmes et quatre hêtres.

Montagne d'Uri et Mare aux Corneilles : cinq chênes et un charme.

Porte aux Vaches, côté du Fort des Moulins : un chêne, un hêtre et un bouleau.

Gorges et platières de Franchard : cinq chênes, un hêtre et huit genevriers.

Rocher Cuvier : trois chênes, deux hêtres, quatre bouleaux et dix genevriers.

Gorges et rocher Saint-Germain : trois chênes, deux hêtres et quinze genevriers.

Plaine des Écouettes : deux chênes, quatre bouleaux et douze genevriers.

Rocher Bénard : dix bouleaux et cinq genevriers.

ROCHERS ET POINTS DE VUE.

Les endroits où l'on peut dessiner ou peindre de beaux rochers et de belles vues se trouvent au Mont-Ussy, au sentier des Fées, au sentier des Deux-Sœurs, au Mont-Chauvet, aux gorges de la Solle, aux gorges de Franchard, aux gorges d'Apremont, aux rochers Cuvier et du Bas-Bréau, au sentier du rocher Long-Boa, à la Gorge du Houx, au Mont-Aigu, au rocher du Fort des Moulins, au sentier du rocher d'Avon, à la Gorge aux Loups, à la Mare aux Fées et Forts de Marlotte, au rocher des Demoiselles, au rocher des Hautes-Plaines et rocher de Milly.

ÉDIFICES,

CONSTRUCTIONS ANTIQUES ET RUINES IMPOSANTES.

Outre le Palais de Fontainebleau, avec ses nombreuses et diverses constructions, réunissant un véritable pêle-mêle de châteaux composé de toutes les architectures, on trouve en dehors de la Forêt, ainsi que nous l'avons dit plus haut, Moret avec sa gothique et belle église, ses vieux ponts, ses vieilles portes, ses débris de fortifications, et surtout les restes imposants du château de Louis VII. Mais il faut aller voir, au sud-ouest de la Forêt, l'ancienne ville de Larchant, qui n'est plus qu'un humble village, mais un village où se montre et se dresse encore vers les cieux l'une de ces belles tours comme on en construisait du temps de Philippe-Auguste. Cette tour et la vaste église qu'elle surmonte composent l'une des magnifiques ruines de France.

QUELQUES AUTRES CURIOSITÉS DE LA FORÊT

De Fontainebleau.

Après avoir indiqué au voyageur les endroits les plus remarquables à visiter pendant le cours des diverses promenades contenues dans cet ouvrage, je crois devoir en citer d'autres, également très-curieux, mais qui, par leur position assez éloignée de nos divers itinéraires, demandaient à être compris dans un article spécial.

Voici les principaux :

La Grotte des Barbisonnières, située aux Gorges d'Apremont. Cette grotte est ainsi nommée, parce qu'en 1814, lors de l'invasion, les femmes de Barbison s'y réfugièrent avec leurs filles pour se soustraire aux Cosaques ;

La Grotte d'Auguste et Marie, également située aux Gorges d'Apremont, mais plus agréablement, et d'où l'on jouit d'un charmant point de vue. Tout près de là se trouve le Rocher de l'*Exilé :* c'est l'un des groupes les plus remarquables des Gorges d'Apremont, et d'où l'on a aussi un très-beau point de vue, autant sur la Forêt qu'au-delà de Barbison. Mais, à propos de ce hameau, nous aurions à nous reprocher de n'en pas parler ; car c'est là la colonie de nos artistes ; c'est là qu'ils viennent s'installer pour être à proximité de la plus imposante partie de nos déserts. Leur hôtellerie, quoique fort modeste, mérite néanmoins d'être visitée. A part d'assez bon vin et autres confortables à des prix très-doux, vous y trouverez tout un musée d'esquisses et de pochades jetées çà et là, sur les murs, sur les portes, et partout où s'est trouvée la moindre place. Vous dire les sujets, les ébauches qui décorent les diverses pièces de cette maison, est chose moins facile à moi qu'à Mme Ganne, qui en est l'hôtesse. Elle vous dira même les noms des artistes plus ou moins renommés qui se sont ainsi plu à illustrer son humble pied à terre ;

La Caverne du Croc-Marin, située entre le Long-Rocher et Montigny. Elle se compose de plusieurs pièces très-agrestes, très-rocailleuses et d'un accès peu facile. Il y aurait peu de dépenses à faire pour rendre cette caverne plus abordable et plus intéressante à visiter ;

La Roche à Boules, située au bornage de la Forêt entre

Sorques et Montigny, tout contre le versant méridional du Long-Rocher. Cette Roche à boules est très-curieuse par sa forme fantastique comme par la nature des agglomérations qui la constituent ;

La Grotte du Fort des Moulins. Elle est située à cent mètres au nord du carrefour de ce nom. Pour y parvenir, il faut descendre dans la carrière dont elle forme l'extrémité la plus rapprochée du carrefour. Cette grotte, résultant des sables blancs qu'on en a retirés, est très-vaste et bien éclairée. Les bancs de grès qui en forment la voûte sont d'une portée effrayante ;

L'Entonnoir de la Malmontagne, espèce de gouffre formé par l'affaissement du sol, ayant eu sans doute pour cause quelque excavation. L'orifice de ce trou peut avoir dix mètres de diamètre, et sa profondeur six à sept mètres ;

La Caverne du Puits, située sur les platières des Gorges d'Apremont, à cinq cents mètres sud-ouest de la Croix du Grand-Veneur. Cette caverne est une espèce de puits sans eau, d'environ cinq mètres de profondeur, mais au fond duquel part une issue étroite descendant en pente d'abord assez douce, puis tout-à-coup tombant à pic dans un vide dont je n'ai pu me rendre compte, en raison de l'affreuse obscurité qu'il y fait et de la situation gênante dans laquelle je me trouvais ; car je n'étais parvenu à surplomber ma canne dans ce gouffre ténébreux qu'en me glissant comme un reptile et serré comme dans une gaîne ;

Les Cavernes du Rocher de la Salamandre. Celles-ci, plus connues que la précédente, n'en sont pas moins très-difficiles à explorer. Personne, que je sache, n'est parvenu à y pénétrer aussi loin, aussi imprudemment que moi. Il a fallu, à cet effet, que je me fisse accompagner par un carrier muni de quelques outils pour élargir les endroits où le passage était impossible : tantôt nous nous trouvions serrés et comme brisés entre d'affreuses anfractuosités ; tantôt le souterrain se transformait en vastes caveaux, dont les innombrables issues nous laissaient l'embarras du choix. Mais après avoir vaincu bien des obstacles et pénétré quelques cents pas dans les ténèbres de ce labyrinthe, les difficultés devinrent plus grandes. De toutes les issues qui s'offraient autour de nous, pas une n'était praticable. Cependant, après bien des efforts et bien des coups de couperet, nous parvînmes à faire une ouverture assez grande pour passer en nous coulant à plat ventre. Bientôt cet étroit couloir cessa et ma bougie me permit de voir que je me trouvais la tête et les bras placés en dehors d'une paroi et surplombant dans un vide qui ne me laissait voir qu'une espèce de lac noir, dont la surface me paraissait être à trois mètres en contre-bas de l'issue où j'étais allongé et la tête suspendue. Je remis ma bougie en poche et, m'emparant d'un bout de la corde dont nous nous étions munis, je me laissai couler dans l'abîme en recommandant bien à mon compagnon de ne pas lâcher le bout qu'il tenait. Je me sentis incessamment les jambes dans l'eau, mais une eau glacée. Heureusement que les inégalités de la roche au long de laquelle je me laissais couler me permirent de me jeter de côté et de me trouver hors du précipice. Ayant rallumé ma bougie et examiné cette partie du souterrain, je fus effrayé en voyant la manière dont les roches en formaient la voûte. Plusieurs de ces masses, affreusement suspendues et menaçantes, paraissaient ne tenir à rien et devoir entraîner toutes les autres dans leur chute : l'endroit était assez vaste et présentait de tous côtés des antres, des fissures plus ou moins larges et de toutes formes. Je pénétrai dans un couloir d'un mètre de largeur et haut de trois ou quatre mètres ; mais à peine l'eus-je parcouru dix pas qu'il me fallut rétrograder, vu son rétrécissement. Revenu dans la salle du lac, j'aurais pu m'engager dans une des nombreuses issues qui en formaient les aboutissants ; mais j'en avais assez, et à l'aide de notre cordeau je parvins, non sans peine, à m'arracher de cette Thébaïde et à rejoindre le carrier qui n'avait pas jugé devoir me suivre. Dix minutes après, nous étions hors du dédale et sur le haut des rochers. Cette excursion est la plus difficile et, je crois, la plus périlleuse de toutes celles que jusqu'ici j'ai entreprises dans la Forêt de Fontainebleau.

Outre les ruines de Franchard, on remarque aussi dans cette Forêt des vestiges d'anciennes constructions, telles que les traces de l'Ermitage de Saint-Louis, sur le sommet d'une montagne près la route de Fontainebleau à Melun, puis, sur le Rocher Trappe-Charrette, des restes d'une construction dont on ignore le but et l'origine.

FÊTES ET RENDEZ-VOUS CHAMPÊTRES

Dans la Forêt de Fontainebleau.

Les Fêtes patronales, les Assemblées recréatives qui ont lieu dans la forêt de Fontainebleau sont au nombre de quatre par an : le mardi de la Pentecôte, le premier dimanche après la Saint-Pierre, le premier dimanche après la Madeleine et le jour de l'Assomption.

Chacune de ces Fêtes ne dure qu'un jour. Elles se tiennent, la première, sous les ombrages d'un bois séculaire qui touche aux ruines du monastère de Franchard ; la seconde, sous les bocages d'Avon, contigus au Chemin de Fer de Lyon ; la troisième, sous les voûtes de la pittoresque futaie de la Madeleine, et la quatrième dans le bois non moins délicieux qui est en face la Chapelle de Notre-Dame-de-Bon-Secours.

Outre ces quatre Fêtes à jour fixe, des réunions récréatives ont souvent lieu sur divers points de la Forêt, tantôt à la Vallée de la Solle, tantôt à la Gorge aux Loups, tantôt au carrefour de Belle-Vue. Voici encore, parmi nos beaux sites, les endroits où l'on peut aller consommer très-agréablement un déjeuner ou un dîner :

Le belvéder de la Gorge aux Merisiers et le joli carrefour pelousé tout près de là, sur le même promontoire et d'où s'élève un cèdre déjà beau ; le vallon des Peintres, aux gorges d'Apremont ; les abords ombragés de la fontaine du Mont-Chauvet ; ceux plus pittoresques encore du promontoire des Forts de Marlotte près la mare aux Fées ; le point de vue de la petite Redoute de Bourron, situé sur la gauche de la route de Nemours ; le carrefour des Ypréaux et ses abords ; le point de vue de Saint-Hérem, contigu à la futaie des Erables et Déluge ; le haut de la gorge du rocher Saint-Germain ; les abords de la mare à Piat, vers l'un des beaux points de vue du rocher Cuvier ; le point de vue et les ombrages de la Table du Grand-Maître.

Tous ces endroits éminemment pittoresques, où l'on a à la fois de délicieux ombrages et de charmants points de vue, complètent on ne peut mieux les lieux de rendez-vous de parties et de festins dans la forêt de Fontainebleau.

Quant aux grandes fêtes qui, pour ajouter aux agréments

des joyeux Parisiens qu'amènent parmi nous les trains de plaisir, doivent être fréquemment données, nous pensons que l'emplacement le plus convenable à choisir serait l'Avenue et le Mail de Henri IV, en y comprenant les quinconces et toutes les délicieuses allées et oasis contigus. Cet endroit, pouvant recevoir dix mille personnes, est le plus agréablement situé, le mieux ombragé et le plus rapproché de la Ville.

Puissent ces projets de fêtes extraordinaires être promptement mis à exécution ! Puisse notre Administration municipale s'entendre avec celle du Chemin de Fer, qui, sans doute, entrerait pour partie dans la dépense, et alors, comme à Saint-Cloud, Saint-Germain, Sèvres et Versailles, en un mot, comme dans toutes les localités avoisinant Paris, et desservies par une ligne de Fer, nous verrons des milliers de personnes, conviées par la joie et le plaisir, arriver dans nos murs à certains jours de l'année, se répandre dans tous nos lieux publics, et y donner la vie et le mouvement !

Je ne terminerai pas cette cinquième Édition sans faire encore entendre mon humble et faible voix en faveur de cette Forêt de Fontainebleau, dont les sites et les bois séculaires sont depuis trop longtemps, déjà, si peu respectés. Je ne terminerai pas sans en appeler à tout ce qui a pouvoir et puissance de les protéger contre ce vandalisme qui, après avoir en grande partie ravagé nos beautés pittoresques, finira, si l'on n'y met ordre, par n'en laisser aucune. Bientôt, si l'on n'y prend garde, de tous nos curieux rochers comme de tous nos bois sacrés, il ne restera que de tristes débris ! C'est avec la douleur dans l'âme que l'artiste, le paysagiste retrouvent à peine quelques-uns des nombreux sites qui leur servaient d'atelier, et faisaient en même temps les délices des curieux visiteurs.

Grâce ! grâce, encore une fois, pour les beaux restes de la Forêt de Fontainebleau !... Ne savez-vous pas, Représentants et Gouvernants, ce qu'est cette Forêt ? Ne savez-vous pas qu'elle est le rendez-vous non-seulement des Parisiens, non-seulement des nationaux, mais des voyageurs de tous les pays ?.....

Vous, Ministres! vous, M. le Président de la République, qui êtes venu dernièrement en voir quelques coins, on ne vous a pas dit, on ne vous a pas montré les trois-quarts de ses beautés dévastées, et celles que le pic et la hache continuent à faire disparaître !...

Table des Matières.

FORÊT DE FONTAINEBLEAU.

Typographie et Lithographie de H. PICAULT, à Saint-Germain-en-Laye,